LENA CASSEL

AUF STIEGS KAMPF

Vom Seitenrand
in die Primetime

TROPEN SACHBUCH

MIX
Papier | Fördert gute Waldnutzung
FSC® C014496

Tropen
www.tropen.de
J. G. Cotta'sche Buchhandlung Nachfolger GmbH
Rotebühlstr. 77, 70178 Stuttgart
Fragen zur Produktsicherheit: produktsicherheit@klett-cotta.de

Cover: Zero-Media.net, München
unter Verwendung eines Fotos von © Marius Knieling, Berlin
Gesetzt von C.H.Beck.Media.Solutions, Nördlingen
Gedruckt und gebunden von GGP Media GmbH, Pößneck
ISBN 978-3-608-50268-8
E-Book ISBN 978-3-608-12383-8

Bibliografische Information der Deutschen Nationalbibliothek
Die Deutsche Nationalbibliothek verzeichnet diese Publikation in der
Deutschen Nationalbibliografie; detaillierte bibliografische Daten
sind im Internet über http://dnb.d-nb.de abrufbar.

Es gibt Menschen, die kommen aus dem Nichts
und reparieren alles.

Für Babu und Cöly, die mir Glaube und
Zuversicht gaben, als ich selbst keine hatte.

The future depends entirely on what each of us does every day. A movement is only people moving.

Gloria Steinem

INHALT

PAULCHEN PANTHER IN DER CHAMPIONS LEAGUE

Da stand ich also: in einem rosafarbenen Anzug, in einem extra für die Champions League mit Sternen dekorierten Fernsehstudio. Aber nicht nur mein Outfit erinnerte an den rosaroten Panther. Paulchen Panther reißt Wände ein, setzt Häuser unter Wasser oder zwingt Muskelpakete in die Knie – Hauptsache Chaos und Hauptsache außergewöhnlich: Das ist sein Markenzeichen.

Die Situation, in der ich mich befand, war mindestens ebenso außergewöhnlich und ebenso chaotisch. Fünf Kameras, sieben Monitore, grelles Licht und ein Knopf im Ohr.

Ich fühlte mich wie eine NASA-Pilotin auf ihrem ersten Flug ins Weltall. Nur dass mein Anzug nicht weiß, sondern eben rosa war. Und ich nicht auf einer Rakete am Cape Canaveral an den Start ging, sondern aus einem viel zu groß wirkenden quadratischen Raum in Köln-Hürth abheben sollte.

»Noch zehn«, zählte die Männerstimme in meinem Ohr. Mein Herz pochte so schnell, dass ich es deutlich an meiner Halsschlagader spürte. »Noch fünf!« Plötzlich wurde mein Atem flacher. Bekam ich gerade einen Herzinfarkt? »Noch drei«. Ich spürte, wie sich rote Flecken an meinem Hals ausbreiteten. Stressausschlag. Zum Glück hatte ich mich Stunden zuvor nicht für den V-Ausschnitt, sondern für die hochgeschlossene Rundhals-Variante entschieden. Zumindest die roten Flecken waren also kaschiert. »Zwei, eins«. Ich war mir sicher, gleich ohnmächtig zu werden. »Und sprechen.« Ich hob ab. Ein Kamerakran fuhr auf mich zu, und meine allererste Live-Moderation im Fernsehen begann. Es wurden die nervösesten vierzig Sekunden meines bisherigen Lebens.

Auf einmal war ich die neue Moderatorin der Champions League Highlights-Show auf Amazon Prime Video. Die folgende Stunde verbrachte ich damit, roten Kameralichtern zu folgen, die durch meinen Ohrknopf durchgegebene Schrittkombination zu beachten, möglichst lässig auf den ungewohnt hohen Schuhen zu stehen und ganz wichtig (!) rechtzeitig in die Werbung abzugeben. Zeit ist Geld – eine billige Phrase, die nirgendwo so wahr ist wie im Fernsehen. Es war ein Multitasking-Marathon, der mit maximaler Geschwindigkeit an mir vorbeizog oder um es mit Paulchen Panther zu sagen: »Wer hat an der Uhr gedreht? Ist es wirklich schon so spät? Schade, dass es sein muss. Ist für heute wirklich Schluss? Heute ist nicht alle Tage, ich komm wieder, keine Frage.«

Dann erlosch das rote Licht über der Kamera. Vorbei. Sechzig Minuten, die sich anfühlten wie sechzig Sekunden. Die gesamte erste Sendung verlief zwar ohne einen einzigen Versprecher, glich aber dem Versuch einer Dreijährigen, die zum ersten Mal ohne Stützräder Fahrrad fuhr: unsicher, angespannt und wahnsinnig hektisch. Das einzig Positive war, dass ich doch keinen Herzinfarkt bekommen hatte. Der Aufregung folgte die Erleichterung. Als hätte jemand die schwere Bleidecke, die seit Tagen drückend über meinem Körper lag, weggezogen. Diesen Moment konnte mir niemand mehr nehmen. Ein rosaroter Panther in der Primetime. Und dieser Panther war ich.

Ich ließ mich in den Stuhl meiner Umkleide fallen, streifte erst mit dem linken Fuß den rechten Schuh und dann mit dem rechten Fuß den linken Schuh ab. Vielleicht weinte ich dann ein bisschen. Ich hing meinen rosafarbenen Blazer über die Lehne und blickte erschöpft auf das Bild an der Wand. Zu sehen war eine Straße in London in Schwarz-Weiß auf der ein roter Doppeldeckerbus fuhr, dessen Farbe aus der schwarz-weißen Umgebung natürlich bewusst herausstechen sollte. Ein Bild wie ein peinliches Wandtattoo, das exakt so in acht von zehn TV-Umkleiden zwischen Köln-Hürth und Berlin-Adlershof hängt. Ein deutliches Kontrastprogramm zu dem, was gerade in meinem Innern vorging: Ausnahmezustand. In meinen Anfängen bei der Sportschau attestierte mir der damalige Sportchef, nachdem ich ihm eins meiner ersten Tapes vor der Kamera gezeigt hatte, ich sei »zu laut und zu bunt« für die Arbeit vor der Kamera. In einem TV-Studio mit einem Experten könne das niemals funktionieren, weil ja der Gast strahlen müsse und nicht die Moderatorin.

Ich bin mir sicher, dass er das so niemals zu einem männlichen Kollegen gesagt hätte. Selbstbewusstsein und Schlagfertigkeit gelten da als unabdingbare Eigenschaften für den Erfolg. Tja, was bei Männern genau richtig ist, ist bei Frauen meistens zu viel. Damals war mein 21-jähriges Ich leicht bedröppelt und verwirrt aus dem Büro gestolpert.

Bin ich zu viel? Zu laut? Und zu bunt? Nach diesem Gespräch setzte mich der Sportchef exakt einmal vor der Kamera ein. Als Field Reporterin bei einem Drittligaspiel. VfL Osnabrück gegen Preußen Münster an der Bremer Brücke. Als hätte ich beim Dosenwerfen auf dem Rummel den Trostpreis erhalten, und zwar nur, damit ich nicht anfangen würde, wie ein trotziges Kleinkind herumzuquengeln.

Zu laut und zu bunt. Fünf Wörter und fünf Silben, die mir genau in diesem Moment, als ich das belanglose Bild in der Umkleide ein bisschen zu lange anstarrte, wieder in den Sinn kamen. Sieben Jahre später hatte ich also in einem großen TV-Studio zusammen mit einem Experten in einem rosafarbenen Anzug die Champions League moderiert. Ich spürte eine mir bisher unbekannte Form tiefer Genugtuung. Gern hätte ich dem Sportchef ein Bild aus dem Studio geschickt. Aber das wäre vielleicht etwas zu viel des Guten gewesen.

Nicht ihm hatte ich es schließlich beweisen wollen, sondern vor allem mir selbst. Und dabei war es nie mein Plan gewesen, in einem TV-Studio zu landen. Nie mein Traum gewesen, einmal Millionen von Zuschauern ein Fußballspiel näher zu bringen. Zuerst war da einfach diese große Liebe für den Sport. Für den Fußball.

Ich habe das nie vom Ende her gedacht. *Ich will später mal dies oder das werden.* Eigentlich habe ich gar nicht gedacht. Ich habe mich mit dem Fußball einfach immer am wohlsten gefühlt. Die logische Konsequenz war, diesem Wohlfühlort, dieser mir bekannten und vertrauten Umgebung, so lange es geht, treu zu bleiben.

Im Fußball geht es um Stimmungen, Prägungen und Würde. Essenzen des Lebens, die den Unterschied ausmachen zwischen zufrieden und euphorisch, zwischen traurig und verzweifelt. Der Fußball als Temperaturregler. Er lässt uns Dinge spüren. Zwischen himmelhochjauchzend und zu Tode betrübt ist so ziemlich jeder emotionale Aggregatzustand mit dabei. In einer Welt, die so rasant an einem vorbeizuziehen droht, weil es neben Fast Food, auch noch Fast Fashion, Fast Media und Fast Dating gibt, einem Dinge dadurch egaler werden, weil die fortlaufende Beschleunigung mit einem Gefühl der Entfremdung einhergeht, da tut es gut, wieder etwas zu fühlen.

Zwischen Milliardengeschäft und Business Case findet man im Fußball eben auch viel Gefühl. Der Fußballverein ist ein Ort, der als Währung Herz statt Geld hat. Eine eingeschworene Gemeinschaft, in der arm und reich, links und konservativ, Groß und Klein zusammenkommen und alle gleichermaßen für eine gemeinsame Sache brennen: den Verein.

Statt ständig fortlaufender Beschleunigung wie überall sonst in der Welt, ist hier viel Tradition zu finden. Tradition bedeutet, dass man etwas macht, das die Menschen schon früher gemacht haben. Das Wort kommt aus dem Lateinischen. Man kann es in etwa mit Übergeben oder Überlieferung übersetzen. Man gibt Gedanken, Werte, Bräuche weiter. Traditionen bieten uns Kontinuität und stehen damit diametral zu einer gegenwärtigen Welt in der höher, schneller, weiter als unumstößliche Maxime gilt. Traditionen schaffen aber auch Anlässe für Menschen, zusammenzukommen und zu feiern: das Feuerwerk am Silvesterabend, die Schultüte am ersten Schultag oder eben das Fußballspiel am Sonntagnachmittag. Sie stärken die Bindungen innerhalb von Familien und Gemeinschaften, indem sie ein Gefühl der Verbundenheit fördern. Diese Räume sind wichtiger denn je für uns als Gesellschaft, weil sie etwas zusammenhalten, was immer mehr droht auseinanderzufallen.

Bei meinem Weg aus dem Verein in der Provinz in die glamouröse Welt des Sportfernsehens habe ich das nie vergessen. Gestartet bin ich nämlich keineswegs in der Königs-, sondern in der Kreisklasse. Asche im Schuh statt Sterne auf Bällen. Angefangen hat alles beim TuS Schladern. Irgendwo zwischen schief gezogenen Kreidelinien, betagten Trainingskiebitzen und schlecht sitzenden Trikots habe ich das erste Mal gegen einen weißen Derbystar-Ball getreten. Danach war alles anders.

Mein Leben neben dem Platz blieb aber gleich. Wie Fußball in der Kreisklasse. Unglamourös, einfach, fehleranfällig und ohne Aussicht auf Besserung. Aufgewachsen mit einer alleinerziehenden Mutter, die uns mit zahlreichen Nachtschichten als Krankenschwester durchzubringen versuchte, und einem Vater, der neben einer großen Liebe zu mir und meiner Schwester eine noch größere zum Alkohol pflegte, gab es wenig Platz für Träume und kindliche Naivität. Stattdessen den bitteren Geschmack von einer Realität aus Geldnot, Unsicherheit, Angst und Stress. Statt eines gemeinsamen Mittag- oder Abendessens waren meine Schwester und ich meistens allein. Es gab viel Raum für früh erlernte Selbstständigkeit, wenig Zeit für Liebe und Zuneigung.

Während die anderen Kinder in unserem Dorf sich über ihren anstehenden Sommerurlaub unterhielten, saßen wir mit lauwarmem Essen aus Styroporschalen vor dem Fernseher und träumten uns in ein anderes Leben. Wir hatten wenig, aber wir hatten uns.

In meiner Pubertät entdeckte ich außerdem meine Zuneigung für Mädchen, was meine Außenseiterrolle weiter festigte. Denn das war eine Zeit, in der die einzige bekannte homosexuelle Frau Hella von Sinnen war, die allen mit ihren schrillen Outfits und extravaganten Auftritten zeigte: Wer homosexuell ist, der ist anders, der ist nicht *normal.*

Mit Scham, viel Schauspielerei, Verleugnung und der ständigen Frage nach meiner sexuellen Orientierung schlingerte ich durch meine Jugend. Und weil ich irgendwann nur noch nach Mädchen und Zugehörigkeit Ausschau hielt, vergaß ich, in die Schule zu gehen. Das Scheitern am Abitur war in dieser Zeit viel näher als der Gedanke an ein absolviertes Masterstudium. Um Haaresbreite wäre ich sogar ohne Schulabschluss in meine Volljährigkeit gestartet. Irgendwo zwischen Identitätssuche, Ambitionslosigkeit und schmerzhaften Verlusten wurde der Fußball die große Konstante in meiner Geschichte.

Der Fußball war da, als ich mein erstes eigenes Geld verdiente: ein Weitschusstor, für das mein Opa einen Fuffi locker machte. Bei meiner ersten Liebe – eine Torhüterin, die nachts heimlich durch das Fenster in mein Zimmer kletterte. Nach dem Tod meines Vaters, als meine Fußballmannschaft zu meiner Familie wurde.

Während mein Leben lange ein bröckelndes Gebäude war, das ständig und zu jeder Zeit einzubrechen drohte, so war der Fußball zu jeder Zeit mein Unterstand, der mich schützte.

Oft habe ich die trotz allem fehlende familiäre Nähe mit Arbeit und Anerkennung zu füllen versucht, und mehrmals wäre ich fast daran zerbrochen. Mit Mitte zwanzig schlitterte ich, durch vier parallele Jobs, ein Masterstudium, eine Fernbeziehung und eine semiprofessionelle Fußballkarriere völlig überfordert in die schwerste Krise meines Lebens. Der Tiefpunkt war erreicht als ich eines Tages für *stern TV* einem Nilpferd im Zoo mit einer überdimensionierten roten Zahnbürste die Zähne putzen sollte.

Das betagte Nilpferd Ernie war die eine Aufgabe, die eine Herausforderung, die eine Belastung zu viel. Ich kapitulierte. Und auf einmal konnte ich wochenlang nicht mehr aus dem Bett aufstehen. Es folgten Panikattacken und Schlafstörungen, bis ich schließlich alles absagte, meine Heimatstadt Köln zurückließ, und 2019 in Berlin ganz von vorn anfing, ohne zu wissen, wie es dort weitergehen sollte. Der Schutzengel, der mich in seine Obhut nahm, hatte keinen Heiligenschein, sondern trug ein blau-weißes Trikot: Hertha BSC – die alte Dame aus Berlin.

Ohne den Fußball wäre ich nicht die, die ich heute bin. Als Frau aus einfachsten Verhältnissen setzte ich mich trotzdem oder vielleicht genau deswegen im Fußballgeschäft durch, obwohl auf dem Weg dorthin weitaus mehr Türen verschlossen waren, als dass sie weit offenstanden. »Zu laut und zu bunt« ist heute mein Markenzeichen.

Aber die Geschichte meines Aufstiegs in der Männerwelt des Fußballs erzählt nicht nur vom Erwachsenwerden einer Frau, sondern dokumentiert auch die Wandlung eines Landes und seines liebsten Sports.

Heute ist der Fußball ein Sport für alle, bei dem pinke Deutschlandtrikots Verkaufsrekorde brechen und das EM-Finale der deutschen Frauennationalmannschaft mit knapp 18 Millionen Fernsehzuschauern zum meistgesehenen TV-Event des Jahres 2022 wurde. Aber das war nicht immer so.

Am 30. Juni 1955 hatte der DFB noch einstimmig beschlossen, seinen Vereinen Frauenfußball-Abteilungen zu verbieten und ihnen zu untersagen, Frauen auch nur die Sportplätze zur Verfügung zu stellen. Als Begründung für diese Entscheidung diente der Vorwand, die »Kampfsportart« Fußball sei nicht mit der Natur der Frau vereinbar. Am 16. November 1957 wurde das Verbot offiziell. Ärzte behaupteten, dass Frauen beim Fußballspielen körperlichen und seelischen Schaden nehmen würden. Erst am 31. Oktober 1970 und damit fast 15 Jahre später hob der DFB das Verbot des Frauenfußballs wieder auf.

Noch im Jahr 2005 (!) wurden Länderspiele der deutschen

Frauen-Nationalmannschaft vor 15 Uhr deutscher Zeit angepfiffen. Also zu einer äußerst unattraktiven Sendezeit, zu der normalerweise nicht Fußballspiele, sondern fragwürdige Talkshows im Fernsehen laufen. In diesem Jahr war ich gerade elf und spielte als einziges Mädchen in der D-Jugend beim TuS Schladern. Im gleichen Jahr erreichte die deutsche Nationalmannschaft das EM-Finale, das sie mit 3:1 gegen Norwegen gewann. Die Frauen wurden Europameisterinnen und niemand bekam es mit. Anpfiff war um 16.15 Uhr im Ewood Park in Blackburn vor 21105 Zuschauern.

Frauen durften Anfang der Nullerjahre zwar Fußball spielen, aber von der TV-Primetime samt großen Stadien mit hohen Zuschauerzahlen und starker Sichtbarkeit war man damals noch meilenweit entfernt. Der Anteil von Frauen im Sportjournalismus betrug 2010 laut einer Erhebung des Wissenschaftlers Prof. Dr. phil. Michael Schaffrath gerade mal 11,5 Prozent. Die letzte Erhebung gab es im Jahr 2020, und da lag der Frauenanteil in deutschen Sportredaktionen laut einer Erhebung des deutschen Sportjournalistenbunds bei nach wie vor gerade mal 11 Prozent. Nur vier der zwölf öffentlich-rechtlichen Sportredaktionen werden heute von Frauen geleitet. Nach einem explosionsartigen Anstieg des Frauenanteils im Sport sucht man also auch nach über zehn Jahren vergeblich.

Ich bin seit Jahren Teil dieser 11 Prozent. Wieso aber nur 11 Prozent? Wieso sind nur ein bisschen mehr als ein Zehntel der Menschen im Sportjournalismus weiblich? Schaffrath fragte 2019 in einer Umfrage unter Sportjournalistinnen danach, weshalb die Frauenquote im Sportjournalismus so gering ist. 62,9 Prozent der Befragten gaben an, dass der Job nur schwer mit Ehe, Beziehungen oder Familien zu vereinen sei. 43,4 Prozent nannten den fehlenden Mut von Ressortleitern, Verlegern und Senderchefs beim Einstellen von Frauen als Faktor. Und 38,5 Prozent nannten den Grund, dass Frauen wenig Interesse daran haben, in einem männerdominierten Umfeld zu arbeiten. Alle drei Gründe haben mit den Strukturen unserer Gesellschaft zu tun. »Solange es uns gelingt, die Frauen im Sportjournalismus noch namentlich aufzuzählen, wissen wir, dass hier etwas falsch läuft«, sagte die deutsche Sportjournalistin Sabine Töpperwien im Jahr 2007. Recht hat sie.

Töpperwien kommentierte 1989 (!) als erste Frau ein Spiel in der ARD-Bundesligakonferenz. Aber auch nur, weil es ihr letzter Tag beim NDR war. Der WDR hatte sie abgeworben und wollte Töpperwien explizit für die Fußballübertragungen einsetzen. Doch der NDR wollte sich diese Vorreiterrolle nicht nehmen lassen und die Lorbeeren, als erster Sender eine Frau ein Bundesligaspiel kommentieren zu lassen, selbst ernten – sonst hätten sie sie laut Töpperwien nie ans Mikro gelassen. Damals wurden für sie berufliche Weichen gestellt, sagte Töpperwien in einem Interview mit dem SWR im Jahr 2021.

Dieses Ereignis hat aber nicht nur ihre berufliche Zukunft beeinflusst, sondern auch die vieler anderer Frauen. Die Ermächtigung von Frauen verändert die Welt, und das bedeutet, dass Männer sich ebenfalls verändern müssen. Das ist keine Kampfansage, sondern ein Aufruf zum Unterhaken. Vielleicht befreit dieser Wandel Männer sogar ganz besonders. Nicht immer und überall mit traditionellen Männlichkeitsbildern konfrontiert zu werden, verbunden mit der ständigen Aufforderung, sich bitte besonders *männlich* zu verhalten, stelle ich mir eigentlich ganz schön vor.

Wenn Frauen und Männer die gleichen Chancen und die

gleiche Sichtbarkeit bekommen, dann gibt es mehr Spielraum und mehr individuelle Freiheit für alle.

Im Jahr 2024 wurden nahezu alle Spiele der deutschen Frauen-Nationalmannschaft nach 18 Uhr und teils sogar zur besten Sendezeit zwischen 20.15 Uhr und 21.15 Uhr angepfiffen. Der deutsche Frauenfußball, er wandert immer weiter in die Primetime. Mit Julia Šimić, Friederike Kromp, Josephine Henning oder Tabea Kemme äußern Frauen zur besten Sendezeit als Expertinnen bei einem Fußballspiel ihre Meinung. Das prominenteste Gesicht der Sportschau ist mit Esther Sedlaczek ein weibliches. Und: Es gibt mittlerweile auch endlich mehr prominente lesbische Frauen als Hella von Sinnen. Allein in der deutschen Frauen-Nationalmannschaft gibt es sechs offen queere Fußballerinnen wie Sara Doorsoun, Svenja Huth oder Lena Oberdorf. Während Mario Basler im Jahr 2008 noch davon sprach, dass es keine schwulen Fußballer gäbe, wird mittlerweile alle paar Monaten über ein Gruppen-Coming-out deutscher Profifußballer gemunkelt.

Wir sind im Wandel. Wir sind in Bewegung. Wir sind im Umbruch. Die Farbskala hat plötzlich mehr Farben als Schwarz und Weiß. Gleichberechtigung und Vielfalt fallen aber nicht einfach vom Himmel. So, wie man kein Spiel ohne Einsatz und Kampfgeist gewinnt, wird es auch in der Gesellschaft immer Menschen brauchen, die sich für ihre Sache stark machen. Dafür brauchen wir Geschichten, die zeigen, dass es anders geht. Das hier ist meine Geschichte. Vom Ascheplatz in die Königsklasse, vom Seitenrand in die Primetime. Es war ein langer Weg, ein Aufstiegskampf.

EIN TOR AUS ZWEIHUNDERT METERN

Es müssten locker rund hundert Meter Entfernung gewesen sein zwischen mir und dem Tor. Ach komm, macht hundertfünfzig Meter draus (mindestens!). Durch meinen achtjährigen Körper schoss Adrenalin. Ein mir bis dahin noch wenig vertrautes Gefühl. Das Hormon wird in Stress- und Gefahrensituationen ausgeschüttet, und das hier war Stress. Stress pur. Für einen Samstagvormittag war der Ascheplatz Auf dem Bodenberg nämlich erstaunlich gut gefüllt. Versammelten sich hier sonst um die Mittagszeit lediglich drei oder vier waffelbackende Vollblutmütter, zwei schon leicht von Bier angeheiterte Väter hinter dem Grill und einige mitgeschleppte Geschwisterkinder auf der rostigen Schaukel neben dem Vereinsheim, war an diesem Samstag im April 2002 richtig was los. Nicht verwunderlich, denn immerhin spielte hier die F-Jugend des Turn- und Sportvereins Schladern gegen den Lokalrivalen SV Leuscheid. Lediglich sieben Kilometer trennen die roten von den grünen Trikots. Derbyzeit also.

Das lockte sogar Dorfurgestein Ebbes zum Sportplatz, und das sollte nun wirklich was heißen. Meist zog ihn, der optisch ein heimlicher und stark gealterter Bruder von Dean Norris und Woody Harrelson war, nur das Geräusch des

Zapfhahnes oder sein kläffender Yorkshire Terrier von der Couch. Neben Ebbes stand ein Mann aus einem noch älteren Baujahr. Die wenigen grauen Haare zum Seitenscheitel gekämmt und mit dieser pfeiferauchenden Senilität, die Männer ab siebzig nun mal automatisch umgibt. Nennen wir sie: Alters-Aura. Niemanden umgab sie so stark wie meinen Opa Herbert. Sein Blick durchbohrte mich an diesem Samstagmittag auf dem Ascheplatz am intensivsten von allen.

Der »TuS« lag zu dem Zeitpunkt meiner hundert Meter (nein, hundertachtzig Meter!) Torentfernungs-Situation mit 4:5 zurück. Und viel Zeit war nicht mehr. Ich, wartend, lauernd, stehend, also hundert Meter (nein, hundertneunzig Meter natürlich. Mindestens!) vor dem gegnerischen Tor auf Höhe der Mittellinie. Diego, unser Wirbelwind auf dem Flügel, tanzte sich leichtfüßig an der Außenbahn entlang. Er zog aufgrund seines rasanten Spielstils immer alle Blicke auf sich. Der Hauptgrund für die Begeisterung lag aber nicht in seinen Beinen, sondern etwas weiter oben. Dieser achtjährige Wirbelwind trug nämlich den exakt gleichen Achtzigerjahre-Vokuhila wie sein Vater, der nahezu jedes Spiel von uns rauchend und hinter dunkel getönten Brillengläsern an der Seitenlinie verfolgte. Ich bin mir übrigens bis heute sicher, dass er der verlorene fünfte Bruder der Ludolfs war. Diegos Vater war jedenfalls so was wie der Capo der Mama-Papa-Kurve. Leicht zu begeistern und leicht einen sitzen. Die perfekte Kombination, um richtig Stimmung zu machen.

Was folgte, sorgte nicht nur bei ihm und auch ohne vier Korn im Tank für völlige Ekstase. Ich bekam von Wirbelwind Diego ein hohes Zuspiel. Zu hoch, dachte ich. Viel Zeit zum Überlegen war aber nicht. Also nahm ich den Ball einfach direkt. Ein Volley ins Ungewisse mit einer statistisch sehr hohen Wahrscheinlichkeit, in einer sogenannten wirkungslosen Kerze zu enden.

Ich erinnere mich noch ganz genau an den hohen Bogen, den die Flugkurve des Balles nahm. Immer höher, immer länger, immer weiter. Die Zeit blieb stehen. Ein Schuss in Slow Motion. Ein Schuss für mein persönliches Fußball-Revers. Ein Schuss aus über hundert Metern (NEIN, ZWEIHUNDERT METERN! MINDESTENS) über den Keeper hinweg rein ins gegnerische Tor.

Ich schaute mich verdutzt um. Vor lauter Ungläubigkeit war an so was wie einen Torjubel überhaupt nicht zu denken. Auch mein Trainer Bernhard, Opa Herbert, Dorfurgestein Ulf, Wirbelwind Diego und selbst der Capo in der Mama-Papa-Kurve waren verstummt. Den Ascheplatz Auf dem Bodenberg erfasste eine ungekannte grillenzirpende Stille.

Ist das hier gerade *wirklich* passiert? Ich war in diesen frühen Jahren auf dem Fußballplatz nicht unbedingt für meine Torgefahr bekannt. Ich war noch nicht mal für gutes Fußballspielen bekannt. Ich war dafür bekannt, mich mit meinen Mitspielern – und Gegnern – während des Spiels zu unterhalten, manchmal verquatschte ich mich zuweilen sogar mit den Zuschauern an der Seitenlinie. »Ach, bei der Eisdiele unten neben dem Bahnhof gibt es jetzt wirklich Pistazie und Brownies als neue Sorten? Wie aufregend!« Es war wirklich alles und jeder interessanter als das, was auf dem Platz passierte. Verletzte sich jemand, war ich die Erste, die zu Hilfe eilte, und wenn das Spiel in meinen Augen wieder völlig belanglos vor sich hinplätscherte, saß ich nicht selten auf dem Boden und malte witzige Bilder in die Asche. Man könnte also sagen, ich beschäftigte mich mit allem außer dem Fußballspielen. Ich spielte damals Fußball, weil ich die Menschen mochte, nicht weil das Spiel mich so euphorisierte oder ich besonders talentiert war. Umso erstaunlicher, dass ausgerechnet ich, die desinteressierte, von Pistazieneis träumende Quasselstrippe einen Volley aus zweihundert Metern ins Tor schoss. Und das auch noch im Derby! Stephen King hätte es sich nicht besser ausdenken können.

Das Gefühl danach? Eine Melange aus Schweiß, Glück und bis in den Marianengraben reichender Fassungslosigkeit. Sogar im Gesicht meines an Griesgrämigkeit leidenden Opas Herbert vernahm ich so etwas wie eine Regung. Das Zucken im Mundwinkel als Lächeln zu bezeichnen, wäre zwar übertrieben, aber es waren wenigstens 17,5 Prozent eines Schmunzlers zu erahnen. Und schon dieser 17,5-prozentige Schmunzler ließ meine Brust vor Stolz platzen. Ich rannte die Treppenstufen hinauf in Richtung strahlender Oma und jubelnder Mama, doch mich interessierte natürlich vor allem ein Urteil: das von Opa Herbert. Ohne eine Miene zu verziehen, streckte er mir seine Hand entgegen.

Es wurde ein Handschlag, der so auch am U-Bahnhof Kottbusser Tor hätte stattfinden können. Die Art von Handschlag, die eine versteckte Transaktion beinhaltet. Hier war es aber nicht Geld gegen Pille, sondern Geld gegen Anerkennung. Der Schein in seiner Hand sprach mehr als tausend Worte. Fünfzig Euro. So viel Geld hatte ich noch nie in den Fingern gehabt. Das erste Mal ein orangefarbenes Stück Papier in meinen klebrigen, von Platzasche und Fanta verschmierten Händen. Fünfzig Euro. Ich dachte, damit würde ich mir jetzt alles kaufen können, wovon ich je geträumt hatte. Endlich ein Fahrrad mit mehreren Gängen, eine Playstation samt Tony Hawks Pro Skater 4, aber zumindest mal ein neues Paar Fußballschuhe.

Tage später entschied ich mich schließlich für den Kauf der neuen Fußballschuhe. Schon lange hatte ich die goldenen

Adidas Predator im Auge, die mit der Lasche über den Schnürsenkeln. Die Schuhe, in denen Zinedine Zidane nicht nur mich, sondern die ganze Fußballwelt verzauberte. Als ich das Preisschild sah, kam ich unvermittelt in der Realität an. 99,95 Euro. Dass man mit fünfzig Euro keine Schuhe für 99,95 Euro bekam, verstand selbst ich. Aussicht auf weitere fünfzig Euro gab es aber leider auch nicht, und so kaufte ich mir desillusioniert die Fußballschuhe von Deichmann. Dreißig Euro. Statt einer goldenen Lasche samt Gummizug prangte nun also ein großes V an der Außenseite meines Schuhs. V für Victory. Immerhin das. Zwei Nummern zu groß, viel zu lange Schnürsenkel und nicht golden, sondern schwarz. Ich versuchte, meine Enttäuschung zu verbergen. Es waren ja zumindest *neue* Fußballschuhe? So ganz gelang mir das aber nicht. Einen klugen und rettenden Einfall hatte dann aber meine Mutter, die kurzerhand eine Dose goldener Sprühfarbe besorgte – Not macht erfinderisch. Und so stolzierte ich ein paar Sprühstöße später doch noch mit goldglänzenden Tretern über das Spielfeld. Ich zauberte zwar nicht mal im leisesten Ansatz wie Zidane, aber ein Erfolg war es trotzdem für mich.

An jenem Samstagmittag im April 2002 auf dem Ascheplatz des Turn- und Sportvereins Schladern habe ich mein erstes Geld mit dem Fußball verdient. Das war der Startschuss für alles, was folgen sollte, denn allerspätestens jetzt war klar: Die desinteressierte, von Pistazieneis träumende Quasselstrippe gehörte der Vergangenheit an. Dieses Tor war kein One-Hit-Wonder. Es war der Anfang. Von da an wollte ich mehr von diesem nach frisch gebrannten Mandeln riechenden und nach Zuckerguss schmeckenden Gefühl der Anerkennung. Dieses Gefühl war sogar mehr wert als die fünfzig Euro selbst. Es war unbezahlbar.

NACHMITTAGE MIT RICHTERIN BARBARA SALESCH

Klapphandys, Diddl-Blöcke, Gerhard Schröder, Windows XP, Hubba Bubba, das Jamba-Sparabo, Top of the Pops und Schalke als Meister der Herzen. Kinder der Nullerjahre, auch bekannt als Millennials, werden jetzt aufhorchen. Zwischen Julis »Das ist die perfekte Welle« und dem Sommermärchen wurde ich groß. Während viele jetzt den Geruch von frisch gezapftem Bier, Sonnencreme und Erleichterung ob der abgewendeten Weltuntergangszenarien in der Nase haben, riechen diese Jahre für mich nach Zucchinicremesuppe.

Man kommt von der Schule nach Hause, der Magen knurrt, ein unangenehm flaues Gefühl zwischen Milz und Leber breitet sich aus, und dann gibt es: Zucchinicremesuppe. Das war eine der ersten großen Enttäuschungen in meinem Leben. Man hofft auf Kartoffelgratin und mit viel Glück noch auf einen kleinen Nachtisch dazu und bekommt stattdessen eine mit einer blassgrünen Flüssigkeit samt labbriger Würstchen-Einlage gefüllte Schüssel. Für meine Mutter war die Zucchinicremesuppe die beste Lösung für ein Leben mit Schichtdienst, wenig Geld und zwei jungen Mäulern, die gestopft werden wollten. Schnell zubereitet, unter sechs Euro, und der große Topf reichte sogar oft für zwei volle Tage. Drei Zucchini, fünfhundert Milliliter Milch und einen Stich Butter später hatte zumindest sie ein paar Sorgen weniger. Für mich war die Zucchinicremesuppe wie das Leben selbst in dieser Zeit zwischen acht und zwölf: viel Zusammenhangloses, das püriert ein großes Ganzes ergeben sollte, aber eigentlich doch nur im leisesten Ansatz fertig schmeckte.

Wenn selbst für die Zubereitung der Zucchinicremesuppe nicht genug Zeit war, brachte meine Mama Essen aus dem Krankenhaus mit. Petersilienkartoffeln, Schweinebraten, Hühnerfrikassee. Die komplette Klaviatur der deutschdeutschen Kulinarik. Mikrowellenfertig, in einer Styroporschale, mit Alufolie bedeckt (*Yummy, yummy, yummy, I've got love in my tummy. And I feel like a-lovin' you!*). Notwendig ja, Nährstoffe nein.

Wenn wir aus der Schule nach Hause kamen, legte sie sich dann schlafen. Meist in einem von unseren Betten, weil sie kein eigenes Schlafzimmer hatte. Die ausziehbare Couch im Wohnzimmer war ihr Rückzugsort und Schlafgemach zugleich. Meine Schwester und ich hatten dafür jeweils unsere eigenen vier Wände. Das war ihr immer wichtig gewesen. Wenn es schon kaum selbst gekochtes Essen gab, dann sollte wenigstens jede von uns ihr eigenes Reich haben. Low Budget Luxus. Das echte Schlaf-, Wohn- und Esszimmer meiner Mutter war aber ohnehin das Krankenhaus. Irgendwo zwischen Infusionstropf, Einlaufschlauch und Schwesternzimmer fand ihr Leben statt. Sie arbeitete meist mehre Nächte hintereinander, um tagsüber für uns da sein zu können. Gegen 7 Uhr in der Früh kam sie durch die Haustür, machte uns für die Schule fertig, wärmte um 12 Uhr unser Styroporschalen-Mittagessen auf und legte sich hin, ehe sie abends um 21 Uhr wieder zur nächsten Nachtschicht aufbrach.

In den Nächten waren meine Schwester und ich dann allein. Wir wohnten im Dachgeschoss eines Einfamilienhauses und hätten jederzeit zu der Familie unter uns gehen können, da einem in dem Alter ja aber alles megapeinlich ist, machten wir das natürlich nie. Ich hatte in dieser Zeit oft Albträume, und es kam häufig vor, dass ich mich bei Einbruch der Dunkelheit und kurz, bevor meine Mutter in Richtung Krankenhaus fuhr, übergeben musste. Die nonverbale Kommunikation meines kleinen Körpers, der sagte: Geh nicht. Sie ging trotzdem, weil sie musste, nicht weil sie wollte.

Oft schlüpfte ich dann zu meiner Schwester ins Bett. Sie hasste es, aber gab mir schlaftrunken trotzdem drei Zentimeter ihres schmalen Bettes ab. Manchmal merkte sie auch gar nicht, dass ich plötzlich neben ihr lag. Ich schlich mich auf Zehenspitzen hinein, lehnte die Zimmertür an, hob sanft die Decke hoch und kauerte mich an die Bettkante. Ich hatte nicht viel Platz, aber es war genug, um mich sicher zu fühlen. Genugtuung gab es für mich nur in den Gewitternächten. Nicht selten klopfte dann sie freiwillig an meine Tür und fragte, ob ich nicht bei ihr schlafen wolle. Natürlich sagte sie nie, dass sie Angst hatte. Sie war immerhin zwei Jahre älter als ich und nahm ihre Rolle als große Schwester sehr ernst.

Manchmal war sie auch fast ein bisschen Mama für mich. Wie ein Abziehbild des von Fitzgerald kreierten Benjamin Button, der am Ende der Geschichte optisch ein kleiner Junge, aber innerlich ein alter Mann ist. Meine Schwester hatte das Aussehen eines Kindes und den Gesichtsausdruck einer lebensklugen alten Frau. In den Momenten, in denen draußen alles leiser und in einem drin alles lauter wird, legte sie mir eine mit Zuversicht und Wärme bestickte Decke über mein fröstelndes Herz. So gab es in der Dunkelheit zwar wenig Platz, aber trotzdem ganz viel Nähe.

Auch heute ist sie für mich immer noch sechs Jahre alt,

und ich bleibe vier. In diesen Nächten im Neunzig-Zentimeter-Bett war ich ihr so nah wie nie zuvor und so nah wie nie mehr danach. Während sie ihre Persönlichkeit mit Panzerband umhüllte, versuchte ich, mein von Ängsten geschütteltes Wesen mit Tesafilm zusammenzukleben.

So finster teilweise die Nächte waren, desto toller war der Nachmittag. Während unsere Mutter die zweite Tageshälfte über schlief, begann für mich und meine Schwester die Primetime. Wir wuchsen in der großen Zeit des Privatfernsehens auf, als das Nachmittagsprogramm von – im Nachhinein – äußerst fragwürdigen Reality-Talk-Formaten geprägt war: *Zwei bei Kallwass, Britt am Mittag, Familiengericht, Richterin Barbara Salesch, Richter Alexander Hold.* Wir schauten alles! Ich lehne mich nicht zu weit aus dem Fenster, wenn ich sage, dass ich die ersten großen Lehren über das Leben von eben diesen Fernsehikonen gelernt habe: Alkohol macht süchtig. Wenn man betrügt, dann trennt man sich. Hinter die Schattenwand geht's, wenn du ne peinliche Begegnung im Swingerclub hattest, und wer im Kaufhof klaut, kommt auf den Anklagestuhl von Richter Alexander Hold oder Richterin Barbara Salesch (meine Schwester war in Alexander Hold verliebt, und ich wiederum bekam Albträume von Barbara Saleschs strenger roter Kurzhaarfrisur).

Unser Nachmittagsprogramm war irgendwas zwischen Therapiesitzung und Lebensschule, und unsere Lehrmeister waren Darsteller aus dem Unterhaltungsfernsehen. Ich stellte sie mir oft als unsere bucklige und stets vor anderen verheimlichte Verwandtschaft vor – etwas unangenehm, aber auch sehr herzlich: die Tanten Barbara und Angelika, die nach zu viel süßem Asti zu gackern anfangen und ohne Ankündigung oder Nachfrage von ihrem »aufregenden« Liebesleben erzählen, während der etwas zu stark nach Aftershave riechende Onkel Alexander dir jedes Jahr an Weihnachten einbläut, dass Mathe und der Dreisatz für das Leben wirklich, wirklich unabdinglich seien und man doch auch zeitnah über einen Bausparvertrag nachdenken sollte. *We are family, I got all my sisters with me! We are family. Get up everybody and siiiiiiiing.*

Aus Sorge, dass wir mehr Zeit mit Alexander, Barbara und Angelika statt mit unseren Hausaufgaben verbrachten, versteckte unsere Mutter jeden zweiten Nachmittag das Fernsehkabel. Doch sie hatte die Rechnung definitiv ohne unsere bereits nach Trash-TV süchtigen Hirne gemacht. Sobald sie eingeschlafen war, gingen wir also rüber zu den Nachbarn. Jeder hatte doch diese Nachbarskinder, die mehr durften als man selbst und die nicht nur den neuen iPod Nano, sondern auch schon einen eigenen Fernseher im Zimmer hatten. Das waren bei uns Katharina und Sebastian. Gegen Süßigkeiten und manchmal Geld (wie gemein?!) liehen sie uns das benötigte Scart-Kabel aus. Mit triumphalem Grinsen ging es zurück vor die Glotze.

In der Zeit zwischen 13 und 17 Uhr wurde selbst meine Schwester zu einem albernen, unbeschwert vor sich hin glucksenden Kind. Und ohne es zu bemerken, wurden wir zwischen unserer buckligen Trash-TV-Verwandtschaft, der Zucchinicremesuppe mit labbriger Würstcheneinlage und den cleveren Nachbarskindern von nebenan groß.

Verbunden im Chaos, getrennt beim Aufräumen. Durch die zahlreichen Unwetter in unserer Kindheit haben wir uns irgendwann aus den Augen verloren. Sie ist jetzt dreifache Mama, ich ein Workaholic. Während sie sich vom Wirrwarr von damals mit Pampers und Schnullern ablenkt, therapiert bei mir der Fußball die Wunden der Vergangenheit.

DIE SCHELLE IM KÄFIG

Jedem von uns ist mit Sicherheit schon mindestens einmal im Leben eine peinliche Durchhalteparole in die Timeline gespült worden: »Der Schmerz, den du heute fühlst, ist die Stärke, die du morgen spürst«, »Stärke wächst nicht aus körperlicher Kraft, sondern aus unbeugsamem Willen«, »Wer kämpft, kann verlieren. Wer nicht kämpft, hat schon verloren«.

Oft werden sie von dubiosen Instagram-Coaching-Seiten mit beliebigen Raubtieren im Namen verbreitet. Sie heißen irgendwas zwischen *Löwenkraft* und *Haifischzahn*. Sie suggerieren uns, dass man schmerzresistent und stark wie ein Löwe (oder Hai) sein muss, um in unserer Gesellschaft erfolgreich zu sein. Wenn es weh tut, dann bringt es dich nach vorne. Wenn es nicht weh tut, dann bringt es dich nirgendwo hin. Wer schön sein will, muss leiden, und wer nicht hören will, muss fühlen. Härte, Härte, Härte, Leiden, Leiden, Leiden und unter gar keinen Umständen (!) sollte man sich einem Moment der Schwäche hingeben. Denn Schwäche ist destruktiv und Destruktiv-Sein bringt dich nicht nach vorne. Wer schwach ist, ist kein Löwe, ist kein Hai. Wer schwach ist, ist maximal ein Schaf. Stärke und Durchhaltevermögen gelten im Berufsleben und in der Gesellschaft generell als Treiber für den Aufstieg. Wie so oft ist auch hier der Fußball das perfekte Spiegelbild für bestehende gesellschaftliche Gesetzmäßigkeiten. Alles, was für die Gesellschaft gilt, findet man unmittelbar auf den Rängen oder dem Rasen wieder.

Spätestens seit meinem Zweihundert-Meter-Volley wusste ich, dass es auf dem Sportplatz etwas zu gewinnen gab. Kurze Zeit später lernte ich im Gummikäfig, was es hieß, zu verlieren.

Waffelbackende Vollblutmütter und angeheiterte Wochenend-Daddys waren definitiv leichter zu beeindrucken als die Jungs aus dem Dorf. Die Brüder Miral und Liridon, Salim, Dennis, Fabian »Fabi« und Rafael waren so was wie die Wilden Kerle light. Jungs in der präpubertären Phase, die immer und überall das Gefühl hatten, jemandem etwas beweisen zu müssen. Ihre ganz persönliche Arena war 20 Meter lang und 13 Meter breit: der Gummikäfig an der Bodenbergschule. Ein testosterongeschwängertes Habitat mit zwei Toren. Umgeben von einem mir sich eingebrannten Odeur aus billigem AXE-Deo (Edition Dark Temptation) und getrocknetem Schweiß. Welcome to hell. Hier galten andere Regeln als auf dem Ascheplatz beim TuS. Die Ältesten dürfen ihr Team zuerst wählen, drei Ecken ein Elfer, letzter Mann hält, wer den Ball wegschießt, muss ihn auch holen, wer verliert, kassiert beim sogenannten Arschschießen und das wichtigste Gesetz und so was wie die Goldene Regel schlechthin: keine Mädchen im Gummikäfig.

Fabi, der nicht nur ein ziemlich guter Torhüter, sondern auch mein Nachbar war, nahm mich eines Tages einfach trotzdem mit in diese unbekannte Welt. Er wusste natürlich um die Regel. In seinen Augen war ich aber ja kein Mädchen. Ich war dreckig, trug viel zu große Klamotten, hatte kurze

Haare und immerzu aufgeschürfte Knie. So sah kein Mädchen aus. Mein Name und die viel zu hohe Stimme verrieten mich aber schnell. Nach langem Diskutieren einigte man sich auf eine Eignungsprüfung: zehnmal den Ball hochhalten, abwechselnd links und rechts, ohne dass der Ball den Boden berührt.

Ich war allein. Keine Mannschaft um mich, hinter der ich mich hätte verstecken können. Allein gegen sechs Jungs, die meinem Scheitern entgegenfieberten. Der Ascheplatz beim TuS samt Finanzspritze und Anerkennung von Opa Herbert hatte in mir aber etwas Selbstvertrauen wachsen lassen. Die ersten vier Ballkontakte waren holprig, bei Ballkontakt sechs bis acht, dachte ich schon nicht mehr nach, Ballkontakt neun und zehn waren die Kür. Fabi grinste triumphierend in Richtung der anderen. Aufnahmeprüfung bestanden. Im Gummikäfig an der Bodenbergschule gab es also ab sofort nicht nur sechs wilde Kerle, sondern auch ein wildes Mädchen.

Die zehn Mal Ballhochhalten waren meine goldene Willy-Wonka-Eintrittskarte in die Fabrik der Träume. Es gab auf dem Gummiplatz zwar keine Schokolade, aber das Glücksgefühl war wie ein heftiger Zuckerschock.

Wenn ich in meinen Gedanken in der Zeit zurückreise, mein Aufwachsen erinnere, mich frage, was mich am stärksten geprägt hat, dann lande ich immer wieder auf diesen 20 mal 13 Metern. Mich überkommt ein Schauder der Sorglosigkeit. Ich glaube, genau so muss sich Nostalgie anfühlen.

Ich habe oft Heimweh nach dem Gummikäfig. Die ersten Bilder in meinem Kopf sind voll warmer Sonnenstrahlen, zwitschernder Spatzen, kurzer Hosen, dreckiger Hände und roher, unverwundbarer Seelen. Die einzige Sorge dieser

Zeit? Dass mal wieder jemand die Ballpumpe vergessen hat. Es war ein Schutzraum und ein Ort, an dem ich dazugehört habe.

Natürlich trugen wir alle unsere Päckchen mit uns herum und verdeckten sie mit Coolness und Unbekümmertheit. So unterschiedlich schwer sie auch wogen, sobald wir den Gummikäfig betraten, waren wir alle gleich leicht. Boxer in derselben Gewichtsklasse. Alles, was dort passierte, war pur, ungefiltert, furchtlos. Das waren die eigentlichen anderen Regeln. Die, die im normalen Leben nur selten Platz fanden. Im Gummikäfig gab es keine Eltern, Geschwister, Trainer und Trainerinnen, Lehrer und Lehrerinnen oder sonstige Weggefährten, hinter denen man sich gerne mal versteckt, wenn's schwierig wird. Genau deshalb war der Gummikäfig nicht nur ein Schutzraum, sondern auch ein stürmischer Ort, an dem man das erste Mal wirklich mit der Frage konfrontiert wurde: Wer bin ich eigentlich? Wer bin ich, wenn ich allein bin? Und wie verhalte ich mich, wenn es Gegenwind gibt?

Ich sollte erste Antworten auf die Fragen relativ schnell bekommen. Es war einer dieser Wochenendtage, ein Sonntag vermutlich, an dem man ab 10 Uhr morgens darauf wartete, dass irgendwer vorbeikam, mit dem man Fußball spielen konnte. Handys gab es nicht. Zumindest hatten wir alle keins. Man wartete also einfach, bis jemand kam. Manchmal stundenlang.

An diesem Sonntag aber war volles Haus. Und was für eins. Die besten Spieler waren da. Selbst aus ein paar Nachbardörfern kamen Jungs vorbei, die richtig was draufhatten. Ein Hauch von Champions League wehte über den Gummiplatz. Plötzlich also Königsklasse im Käfig. Das waren immer die schönsten Tage. Sind die besten Spieler da, macht es am meisten Spaß, weil es am meisten zu gewinnen und am meisten zu verlieren gibt.

Die Marschroute war also schon vor dem ersten Ballkontakt klar: Heute geht's zur Sache. Regeln? Vier gegen vier mit fliegendem Wechsel. Der letzte Mann hält. Wir waren an diesem Tag mindestens zehn bis zwölf Leute, und es wurden zwei in etwa gleich starke Teams zusammengestellt. Ich war das einzige Mädchen (normalerweise ja keine Mädchen im Gummikäfig, ihr erinnert euch?) und wurde an vierter Stelle gewählt. Die erste Dosis Selbstbewusstsein wurde mir also schon vor Spielbeginn verabreicht. Ich war mit den beiden Brüdern Liridon und Miral in einer Mannschaft. Der eine ruhig, der andere laut, und genau deshalb stritten die beiden sich ständig. Mal gab der eine den Ball zu spät ab, mal der andere. Wir sprachen zwar alle kein Albanisch, aber der Mimik und Gestik nach zu urteilen, befanden sich die verbalen Liebkosungen hinter der FSK-18-Schranke. Na, das konnte ja was werden.

Das Spiel verlief auf Augenhöhe. Wären ein paar szenische Schnipsel auf unerklärliche Weise in die neueste Joga-Bonito-Compilation auf YouTube gelangt, wären wir nicht großartig aufgefallen. Statt Ronaldinho, Ronaldo und Messi kickten hier eben Rafael, Roman und Miral. Die Leidenschaft war dieselbe. Joga Bonito, das »schöne Spiel«, kennt eben nicht nur die großen, sondern auch die kleinen Namen.

Die Partie war immer erst dann vorbei, wenn der mit dem Ball gehen musste. Wenn das der Fall war, hieß es: »Letztes Tor entscheidet.« So auch an diesem Sonntag. Das bisherige Ergebnis war egal. Jetzt zählte nur noch das nächste Tor. Was davor war? Makulatur. Golden Goal im Gummikäfig. Hier könnte es jetzt ausgesprochen fußballromantisch weitergehen, und ich könnte euch erzählen, wie ich als einziges Mädchen den entscheidenden Treffer erzielte, wir uns in den Armen lagen (sogar die beiden Brüder), und ich von all den Jungs auf einer Sänfte nach Hause getragen wurde. Es kam leider anders.

Im Gegensatz zu Oliver Bierhoff oder Nia Künzer versagten mir nämlich im entscheidenden Golden-Goal-Moment die Nerven und das, obwohl Mitte der Nullerjahre die Hochzeit der Stürmer war. Miroslav Klose, Mario Gómez, Fernando Torres. Ich hätte mir doch so viel von ihnen abschauen können. Sorry an alle Fußballromantiker. Ich stand frei vor dem Tor, einer der beiden Brüder passte mir den Ball zu, und ich platzierte ihn nicht im Netz, sondern direkt in den Armen des Torhüters. Wir kassierten im Gegenzug den alles entscheidenden Treffer, und das Spiel war vorbei.

Der wildere der Brüder, der mit der kürzeren Zündschnur, fackelte nicht lang. Ich sah ihn noch wutentbrannt auf mich zulaufen, dann lief alles in Zeitlupe ab. Er holte aus und schlug mir mit der flachen Hand auf meine rechte Wange. Es war die allererste Ohrfeige meines Lebens. Eine Schelle, die Ursula und Klaus aus dem Nachbardorf beim andächtigen Kaffee und Kuchen eventuell mit dem sonntäglichen Glockenschlag verwechselten. Bud Spencer applaudierte noch anerkennend aus der Ferne, ehe es danach mucksmäuschenstill im Käfig wurde. Eine Stille, die so laut ist, dass danach eigentlich nichts mehr kommen kann. Dass man als Junge ein Mädchen schlägt, ist die eine rote Linie, die man niemals übertritt. Bei all den anderen Regeln galt diese eine sowohl inner- als auch außerhalb des Käfigs.

Unsere stärksten Erinnerungen hängen meistens mit einem Gefühl zusammen, und ich habe gleich mehrere, wenn ich an diese Situation zurückdenke. Ich fühlte damals eine tiefe Zufriedenheit. Für mich war es ein Aufnahmeritual. Statt Blutschwur gab es eine Backpfeife. Ich gehörte jetzt dazu. Es gab keinen Unterschied mehr zwischen Mädchen und Jungen. Hier im Gummikäfig waren wir alle gleich, und wer verliert, der kassiert.

Der Fußball zeigte mir aber hier auch schon sehr früh, dass ich stark sein muss, wenn ich dazugehören will. Schwäche entzieht dir Teilhabe. Wer am meisten einsteckt oder austeilt, der ist am Ende ganz oben. So funktioniert es nicht nur auf, sondern auch neben dem Platz. Die furchtlosen beiden Brüder findet man nämlich nicht nur im Gummikäfig, sondern überall im Berufsleben. Sie sind jetzt die Senderchefs, Programmdirektoren und Entscheidungsträger. Im Haifischbecken des Sportjournalismus wird ein Schaf naturgemäß aufgefressen, deshalb sollte man lieber kein Schaf, sondern besser selbst der Hai sein.

Dass es aber mittlerweile auch anders gehen kann, du ganz oben sein kannst und trotzdem Momente der Schwäche zulassen darfst, bewies Bundestrainer Julian Nagelsmann eindrucksvoll nach dem bitteren Ausscheiden der deutschen Nationalmannschaft bei der Heim-Europameisterschaft 2024 gegen Spanien. In einem spektakulären Viertelfinale verlor das Team gegen den späteren Europameister Spanien in der Verlängerung mit 1:2. Der Traum vom vierten EM-Titel nach 1972, 1980 und 1996 war also geplatzt. Auf der Pressekonferenz am Tag danach kämpfte Nagelsmann mit den Tränen und konnte seine Enttäuschung, Leere und Traurigkeit vor versammelter Medienöffentlichkeit nicht verbergen. Weit und breit kein Hai zu sehen.

Die *Bild* sprach vom »bewegenden Tränen-Auftritt«, bei *T-Online* heißt es gar: »Diese Tränen sind wichtiger als der Titel.« Die Öffentlichkeit war sich einig, dass dieser Auftritt ehrlich, nahbar und von großer Bedeutung war. Er wurde nicht als »Weichei« diffamiert, sondern als authentisch wahrgenommen. Sich verletzlich zu zeigen, bedeutet glaubwürdig zu sein. Man stelle sich mal vor, die ehemaligen Bundestrainer Franz Beckenbauer, Rudi Völler oder Joachim Löw hätten während ihrer Amtszeit auf einer Pressekonferenz geweint. Dass Männer in solchen Positionen Emotionen zeigen und damit ihre Verletzlichkeit offen zeigen, war lange Zeit undenkbar. Dass es mittlerweile möglich ist, ist eine gute Entwicklung. Natürlich ist der Fußball für viele Männer ein Zufluchtsort, wo man ihnen zugesteht, Gefühle zu haben, da der Sport von so vielen anderen Männlichkeitsnormen umgeben ist, dass man sich es hier eher mal leisten kann, nicht der Norm entsprechend zu handeln als anderswo. Laut einer Studie der Fachgesellschaft für Augenheilkunde weinen Jungen und Mädchen bis zum 13. Lebensjahr gleich häufig. Erst danach entstehen die großen Unterschiede. Genauso undenkbar wie, dass Männer weinen können, war lange, dass Frauen starke Haie sein können.

Und damit kommen wir zum dritten Gefühl, das die Schelle im Käfig in mir neben dem der Genugtuung und dem des Unbehagens ausgelöst hat. Die Schelle gab mir eine Antwort auf die Frage, wer ich eigentlich bin, wenn ich allein bin. Neben Freude und Begeisterung können auch Wut und Trotz ein Antrieb für mich sein. Ich bin jemand, der austeilen, aber auch einstecken kann. Also ging ich damals am nächsten Tag wieder hin. Mein wahres Talent, das bestand schon immer aus meinem unbändigen Willen und meiner großen Leidensfähigkeit.

Im Gegensatz zu den üblichen Klischees wurde ich durch die Zeit im Gummikäfig zu einem Mädchen, das mitspielen und gewinnen wollte. Wenn Bundestrainer weinen dürfen, dann dürfen Frauen auch Haie sein. Beides ist möglich. Wenn wir den Zugang zu unseren eigenen Gefühlen zulassen, ob stark oder schwach, ob Mann oder Frau, befreien wir uns von fremden Zuschreibungen, und das macht uns vor allem eins: glaubwürdig.

AM SEITENRAND

So unterschiedlich meine Schwester und ich auch grundsätzlich waren, eine Sache hatten wir gemeinsam: In der Grundschule saßen wir beide teils gelangweilt, teils den Unterricht störend in der letzten Reihe und schleuderten unser überbordendes Desinteresse abwechselnd in Richtung unserer Mitschüler und unserer Lehrer. Wir kannten uns mit Talkshow-Herzschmerz, Suchtproblematiken und Kriminaldelikten eben wesentlich besser aus als mit Bruchrechnung, Rechtschreibung oder der Geschichte von Jesus Christus, unserm Herrn. Durch kamen wir trotzdem.

Wir gehörten nicht zu den uncoolsten Kids in der Schule, aber auch nicht zu denen, die die angesagtesten Klamotten von Adidas, Nike, s.Oliver oder Esprit trugen (ja, das waren die gängigen Marken auf dem Dorf). Dass unsere Klamotten schon einmal getragen waren, das sah man und der scharfe Blick unserer Mitschüler sowieso. Ich wurde oft wegen meiner Kleidung gehänselt. Im Gegensatz zu meiner Schwester, gab ich mir nämlich noch nicht einmal Mühe, aus dem vorhandenen Gemischtwarenladen, auch Kleiderschrank genannt, etwas Passendes zusammenzustellen.

Dreimal im Jahr durften meine Schwester und ich uns »neue« Klamotten kaufen. Für den Frühling, den Sommer und die Herbst-Winter-Saison. Neu, das war bei meiner

Mutter allerdings ein sehr dehnbarer Begriff. Wir gingen am Samstagnachmittag nicht zu Karstadt, Kaufhof, C&A oder Peek & Cloppenburg mit anschließendem McDonalds-Besuch wie die anderen Kinder. Bei uns ging es zu Lollipop, für meine Mutter der Secondhandladen ihres Vertrauens. Statt cooler neuer Nike-Sneaker gab es für uns abgetragene neongrün-gelbe Schuhe von Skechers. Dazu eine orange-beigefarbene Cord-Camouflage-Hose (no name), eine Kangol-Schirmmütze in Schwarz und eine hellblaue Teddy-Jacke. Ich sah aus wie eine Mischung aus Spice Girl und einem Kind der Kelly Family. Kelly Spice.

Hand aufs Herz: Ich hätte mich vermutlich auch gehänselt. Den fehlenden Swag bei den Klamotten versuchte ich mit meinen Fußball-Skills zu kompensieren. In jeder Pause ging es für mich und eine Gruppe Jungs aus den verschiedenen Klassen auf das Kleinfeld vor der Schule. Drei gegen drei, vier gegen vier, fünf gegen fünf. Ich durfte mitmachen, und das trotz der uncoolen Klamotten aus dem Secondhandladen. Der Fußball ließ mich Teil eines Ganzen werden und gab mir zumindest in der großen Pause zwischen zweiter und dritter Stunde ein Gefühl von Zugehörigkeit.

Doch der Eindruck, nicht in das für mich vorgesehene Gewinde zu passen, war spätestens in der vierten Stunde wieder zurück. Und das lag nicht nur an meinen Klamotten, sondern auch an meinen Haaren. Die waren wildgelockt, aber kurz. Dazu die Fußball-Skills und seltsame Klamotten – damit konnten einige meiner Mitschüler nichts anfangen. Ich passte in keine ihrer Schubladen, und ihre Verunsicherung schmetterten sie mir mal direkt ins Gesicht, mal tuschelten sie (extra hörbar natürlich) hinter meinem Rücken: Bist du ein Junge oder ein Mädchen? Ist das ein Junge oder ein Mädchen?

Diese Frage war von der Grundschule bis zu meiner Pubertät mein ständiger Begleiter. Ich wusste zwar nie, wann und wo genau er auftauchen würde, aber dass er irgendwann um die Ecke biegen würde, war klar.

Wenn es so weit war, wollte ich am liebsten im Boden versinken. Zu sagen, es wäre mir peinlich gewesen, wäre eine Untertreibung, es war eine Scham, die sich durch jede Faser meines Körpers fraß. Wenn mich jemand nicht einsortieren konnte, wurde es schnell persönlich und existenziell. Wenn man nicht genau sagen konnte, was oder wer man war, verlor man die Daseinsberechtigung.

Dieser undefinierte Raum wurde ein Nährboden für immer größer werdende Selbstzweifel. Wo gehöre ich hin? Ich hatte keine Mittel und Techniken, um mich zu erklären, und gab in meiner Hilflosigkeit oftmals vor, die Kommentare über mein angeblich nicht eindeutiges Geschlecht einfach nicht zu hören. Als würde ich mich unter einer Decke vor den Einbrechern verstecken, damit sie mich nicht sehen.

Mit dem Satz, »Man wird nicht als Frau geboren, man wird dazu gemacht«, hatte die französische Schriftstellerin Simone de Beauvoir für meine Unsicherheit eine Erklärung gefunden. Und das schon kurz nach dem Zweiten Weltkrieg, fünfzig Jahre vor meiner Geburt. Ich wünschte, ich hätte früher von ihr gewusst.

Wie Mädchen und Jungs zu sein haben, ist nicht »natürlich« vorgegeben, sondern die Folge von Erziehung sowie kultureller und gesellschaftlicher Prägung. Später würde die Philosophin Judith Butler es noch mehr auf den Punkt bringen: »Gender is perfomance.« Also Geschlecht ist etwas, das aus Handlungen erwächst. In *Das Unbehagen der Geschlechter* zeigt Butler, dass Körper und Geschlecht soziale Zuschreibung sind. Das bedeutet, dass sie veränderbar sind.

Es geht nicht darum, sich ein Geschlecht »auszusuchen«, sondern sich im eigenen Geschlecht frei und ohne Angst vor Diskriminierung zu bewegen und nicht ständig von Vorurteilen begleitet zu werden. Ich bin meinen Weg gegangen, aber ich habe auch die Quittung dafür bekommen.

Denn weil ich mich nicht an die gesellschaftlich vorgegebenen Regeln dieser Zuschreibungen gehalten habe, war meine Umgebung verwirrt. Ich wurde abgelehnt, weil meine fehlende Eindeutigkeit bei den anderen für Unbehagen sorgte, obwohl ich selbst mein Geschlecht niemals infrage gestellt habe. Und selbst wenn: Ich finde, in der eigenen Darstellung sollten sich alle frei ausleben können, ohne Angst vor Diskriminierung und Vorurteilen.

Ich kann mich an Schulturniere erinnern – Jungen und Mädchen wurden natürlich getrennt –, bei denen sich Mädchen bei den Lehrern über mich beschwert haben, weil ich den Ball so weit werfen konnte. Ich sei doch eigentlich ein Junge, und das wäre »wirklich unfair«. Ein Mädchen könne doch niemals so weit werfen. Die zwei Klammern im Haar, die ich immer trug, um meine Locken im etwas zu kurz geratenen Pony (danke, Mama) zu bändigen, hätte ich, so der Vorwurf, nur reingesteckt, um mich als Mädchen zu »verkleiden«. Der Spiegel, den mir meine Mitschüler vors Gesicht hielten, war schonungslos. Ich sah mich durch die Augen der anderen als einen miesen Erstentwurf, widersprüchlich und schwach, der nicht wusste, wo er eigentlich genau hingehört. Das Gender-Navigationssystem kannte nur zwei Pole. Ich wollte weder bewusst zum einen noch bewusst zum anderen. Ich wollte einfach ich selbst sein.

Aber um das »Wie« habe ich mir wenig Gedanken gemacht. Ich habe mich damals meinem Umfeld angepasst, und da trugen Jungs nun mal kurze Haare und schlabbrige Trainingsanzüge. Also trug ich sie auch, weil ich den Großteil meiner Zeit nur von Jungs umgeben war. In der Schule war ich jede freie Minute auf dem Fußballplatz, wo es neben mir keine weiteren Mädchen gab. Nach der Schule verbrachte ich dort einen Großteil meiner Nachmittage, und dann gab es abends noch das Fußballtraining im Verein, wo es in etwa so viele Mädchen gab wie bei mir coole Klamotten im Kleiderschrank – keine.

Als auf die Grundschule das Gymnasium folgte und mein Umfeld sich veränderte, veränderte auch ich mich. Ich fing an, mich zu schminken, weil es die anderen Mädchen taten. Ich fing an, Spaghetti-Tops zu tragen, weil es die anderen Mädchen auch machten. Zum Glück war bei hohen Schuhen und Plisseeröcken Schluss. *That's where I draw the line.*

Mein Aussehen war immer weniger Ausdruck dessen, was ich tatsächlich fühlte, sondern wurde stattdessen immer mehr ein Abbild davon, was die anderen in meiner Lebensrealität als *normal* ansahen. Alles, Hauptsache nicht auffallen. Alles, Hauptsache dazugehören. Dabei sehnte ich mich nach anderen Menschen, die selbstbewusst und frei mit ihrem Äußeren umgehen und sich dabei nicht von vermeintlich starren und nach Geschlechtern getrennten Regeln einengen lassen. Ich sehnte mich nach Vorbildern, die mir zeigten, wie man eine gewisse Flexibilität zulassen kann, ohne dabei ausgeschlossen zu werden. Doch zu dieser Zeit gab es noch keine Billie Eilish, keinen Harry Styles, die sich optisch nicht in eine Rolle quetschen lassen, die zeigen, dass Mädchen durchaus Baggy Pants und Jungs auf jeden Fall lackierte Fingernägel tragen dürfen. Stattdessen gab es klare Einteilungen, besser Zweiteilungen: Girlbands hier,

Boybands dort. No Angels und US5. Tic, Tac, Toe und Tokio Hotel. Alles war binär. Blau oder Pink. Fußballplatz oder Puppenhaus. Pirat oder Prinzessin. Stark oder Schwach. Junge oder Mädchen.

Schubladen, in die man sich und andere einordnen kann, geben Sicherheit und Orientierung, aber natürlich passt kein Mensch in eine einzige Schublade hinein. Dass mittlerweile Mädchen Baggys und Jungs lackierte Fingernägel tragen, Frauen kurze und Männer lange Haare haben, ist ein Fortschritt. Das Gender-Navigationssystem kennt mittlerweile mehr als zwei Pole. Wir reden über Non-Binarität, Queerness und Diversität. Führen Diskurse über strukturellen Sexismus und toxische Männlichkeit. Die Welt der Generation Alpha (dazu gehören alle zwischen 2010 und 2024 Geborenen) ist vielschichtiger geworden.

Aber man braucht nur einen Blick auf die vergangenen Landtagswahlen in Brandenburg, Thüringen und Sachsen zu werfen, um festzustellen, dass geschlechterbefreite Entfaltung zwar ein Thema im »woken« Berlin-Kreuzberg (ja, grüß dich doch, Friedrich Merz!) ist, aber noch keines für viele jungen Männer, die bei den letzten Landtagswahlen im Osten sehr häufig die AFD gewählt haben, die mit ihrem Wahlprogramm und Social-Media-Auftritten auf TikTok und Co. für das komplette Gegenteil stehen. Mehr Rück- als Fortschritt. Mehr Vergangenheit als Zukunft.

Auch das Internet an sich zeigt deutlich, dass Themen wie geschlechterbefreite Entfaltung noch tiefergehende Aufarbeitung bräuchten. Gibt man zum Beispiel »gendergerechte Kleidung« in die Google-Suche ein, werden einem weitere, häufig eingegebene Suchbegriffe zum Thema vorgeschlagen. Hier mal eine kleine Auswahl: Was ist feminine Kleidung? Auf welche Farben stehen Männer? Welche Farbe steht für Männlichkeit? Können Männer Damenkleidung tragen? Ist Lila eine männliche Farbe? Die Gender Reveal Partys auf TikTok, bei denen blaues oder rosafarbenes Lametta aus einem Luftballon platzt oder Internet-Persönlichkeiten wie Andrew Tate, der mit seinem Online-Coaching jungen Männern vermitteln will, wie man an »Geld, Reichtum, Glück, schnelle Autos und schöne, unterwürfige Frauen« gelangt, runden das erschreckende Bild ab. Obwohl seit meiner Kindheit schon einiges in Bewegung geraten ist, gibt es noch immer viel zu tun.

Mir geht es nicht darum, Geschlechterkategorien abzuschaffen, sondern sie zu öffnen. Kinder und Heranwachsende sollten ein weißes Blatt Papier vor sich haben, das sie mit bunten Stiften bemalen können. Gerne auch über den Rand. Kleidung, Hobbys, Vorlieben. All das sind Kennzeichen, um sich als Mensch auszudrücken. Nicht als Geschlecht.

DIE DAMENMANNSCHAFT

Zurück ins Jahr 2007. Ich war 13 Jahre alt und der Gummikäfig, dieses von Sorglosigkeit umhüllte Biotop, mittlerweile ein Relikt vergangener Tage. Statt nachmittags mit dem Ball auf Spielkameraden zu warten, hingen wir mittlerweile mit rauchenden Köpfen über den Schulsachen, stritten uns mit unseren Eltern oder bekämpften den ersten, nie enden wollenden Liebeskummer.

Geblieben war, dass ich noch immer beim TuS, einem Klub mit viel Herz, aber ohne jede Ambition spielte. Doch je älter ich wurde, desto mehr wuchs mein Ehrgeiz. Die Schelle im Käfig hatte mich verändert. Als hätte die epochale Erschütterung meine Synapsen im Hirn neu zusammengebaut. Alles programmiert auf die eine Maxime: Ich will mehr!

Ich wollte, dass es etwas zu verlieren gab. Ich wollte fühlen. Ich wollte besser sein, besser werden. Ich wollte jeden einzelnen Tag mit dem 17,5-prozentigen Schmunzler meines Opa Herbert belohnt werden. Kerosin für meinen Körper, Sprit für meine Seele. Also wechselte ich im Alter von 13 Jahren vom TuS in die C-Jugend von Germania Windeck. Ein Verein aus dem Nachbardorf, der infrastrukturell wesentlich bessere Bedingungen aufwies und mit seinem U15-Team in der Bezirksliga einen gewissen Leistungsanspruch verfolgte.

Statt auf einem huckeligen Ascheplatz trainierte ich fortan mehrmals die Woche auf gut gepflegtem Kunstrasen. Es war nicht nur ein gefühlter, sondern auch ein sichtbarer Aufstieg.

Wenn ich mir das Mannschaftsfoto aus jener Zeit anschaue, dann sehe ich 17 halbstarke Jungs und zwei blonde Mädchen. Das eine war meine beste Freundin Anna, das andere war ich. Unsere Rollen waren klar. Wir durften spielen, wenn es eine sogenannte »Lücke im Team« gab. Anna, eigentlich eine passable defensive Mittelfeldspielerin, ersetzte den Stammtorwart, wenn er sich verletzt oder keine Zeit hatte. Ich, eigentlich eine Offensivspielerin, musste als Rechtsverteidigerin ran, und zwar nur, weil es im gesamten Team niemand anderen gab, der als Rechtsverteidiger spielen wollte. Es war ein Trostpreis mit einer kleinen roten Schleife drum. Im Gegensatz zu Anna bekam ich so zumindest regelmäßig Spielzeit.

Wir blieben in der gesamten Saison nahezu ungeschlagen und stiegen in die höhere Spielklasse auf. Der Grund für die gewonnene Meisterschaft und den darauffolgenden Aufstieg war, wie so oft im Fußball, eine gute Defensive. Ich durfte mir als frischgebackene Rechtsverteidigerin also auch ein wenig auf die Schulter klopfen. So sahen es offenbar auch einige Zuschauer und Zuschauerinnen, denn in diesen zwei Jahren bei Germania Windeck hörte ich immer wieder den Satz: »Die spielt ja wie ein Junge.« Er war als Lob für mein Spiel gemeint, und so empfand ich das damals auch. Als Kompliment, als Würdigung. Zwischen mir und den Jungs schien es keinen Leistungsunterschied zu geben.

Mit einigen Jahren Abstand blickte ich dann doch etwas kritischer auf diese Art von Lob: Wieso werden Frauen bei ihren Leistungen immer mit Männern verglichen? Warum konnte ich nicht einfach gut Fußball spielen, sondern wurde nur aufgrund meiner männlich anmutenden Spielweise gelobt? Auch Mädchen dürfen wild, schnell, verbissen, zweikampfstark, robust und ehrgeizig sein. Mädchen sollen sich unabhängig von einer männlichen Norm bewegen und ausleben dürfen.

Das war Mitte der Nullerjahre noch kein gesellschaftlicher Konsens. Ganz im Gegenteil. In den Jahren 2001 und 2007 musste die mehrfache Box-Weltmeisterin Regina Halmich erst gegen den deutlich älteren und untrainierten TV-Entertainer Stefan Raab in den Ring steigen, bis ihre Leistung wirklich etwas zählte. Zwei äußerst bizarre Show-Boxkämpfe, in der Raabs rechte Faust liebevoll als »Cellulite-Peitsche« bezeichnet wurde. Sie gewann beide Male.

Gerade im Sport werden Frauen immer wieder mit Männern verglichen. Beide Leistungen eigenständig zu betrachten, scheint aus mir unerklärlichen Gründen nicht möglich. Als würden Frauen ohne das Licht der Männer nicht genügend strahlen und sich im Dunkeln gegenseitig auf die Füße treten. Das dachte sich im Vorfeld der Frauen-Weltmeisterschaft 2023 übrigens auch der französische Sender Orange TV und produzierte einen zynischen, entlarvenden und wirksamen Clip für Social Media, der mit den geschlechtsspezifischen Ressentiments spielt. Darin sind spektakuläre Spielszenen der französischen Männer-Fußballnationalmannschaft aneinandergeschnitten. Denkt man. Erst zum Ende der erfolgreichen Kampagne wurde aufgelöst, dass alle gezeigten Szenen zur französischen Frauen-Fußballnationalmannschaft gehören und lediglich die Körper der Spielerinnen mithilfe von KI in die der männlichen Spieler verwandelt worden sind. Der Clip ging viral, weil er das ansprach, was ist. Die Kommentarspalte hätte mit den ursprünglichen Szenen der französischen Frauen-Nationalmannschaft und ohne Deepfake definitiv anders ausgesehen als unter dem Clip mit den Männerkörpern.

Gleichberechtigung fängt damit an, dass wir aufhören, die Qualität und Leistungen von Frauen immer wieder in Bezug zu Männern zu setzen. Wenn sogar Frauen wie Ulrike Ballweg, ehemalige Assistenztrainerin der Frauen-Nationalmannschaft, sagen, dass »der Konkurrenzdruck bei den Jungen charakterbildend für weibliche Fußballtalente sein kann«, dann wissen wir, wie tief dieses Denken gerade im Sport verwurzelt ist. Nicht nur in der fachfremden Mitte der Gesellschaft, sondern eben auch oder vor allem im Establishment. Als hätten Wille und Durchsetzungsvermögen ein Geschlecht, und wenn dem so wäre, dann selbstverständlich ein männliches.

Vermutlich hatte ich dadurch, dass ich lange mit Jungs gespielt habe, Vorteile in der athletischen und fußballerischen Entwicklung gegenüber Mädchen, die das nicht getan haben, aber vor allem deshalb, weil Jungen im Sport und gerade im Fußball völlig andere Startvoraussetzungen und Rahmenbedingungen haben als Mädchen. Das hat also nichts mit dem Geschlecht an sich zu tun, sondern mit dem ungleichen Zugang zu Trainingsstätten, Trainingszeiten, Ausrüstung, Betreuung, Bezahlung, Reise und Verpflegung. Das alles begann ich zu verstehen, als meine Fußballkarriere anfing, Fahrt aufzunehmen, und ich über Umwege in eine sogenannte Damenmannschaft wechselte. So der nach prickelnder Weinschorle klingende Name für Frauenteams in der Zeit.

Mit einer Dame hatte ich im Alter zwischen 15 und 17 zwar in etwa so viel gemeinsam wie eine Weinschorle mit einem ernstzunehmenden Drink (I mean, really?), aber mir blieb keine andere Wahl. Immerhin bedeutete das auch, dass ich von der ungeliebten Rechtsverteidiger-Position wieder zu meinem angestammten Fachbereich als torungefährliche offensive Mittelfeldspielerin zurückkehren konnte. Wobei wir das »torungefährlich« ab jetzt streichen können: Bei den Frauen angekommen, schoss ich teilweise fünf bis acht Tore in einem Spiel. Ich explodierte förmlich. Als hätte man ein Mentos in eine Colaflasche gestopft. Als hätte ich all die verpassten Tore die Jahre zuvor wie ein Hamster in meine Backen gestopft, bis kein Platz mehr da war, um sie jetzt mit Vollspeed unaufhaltbar rauszuschießen. Ich ließ meine Dennis-Diekmeier-Artigkeit hinter mir (wer nicht weiß, wer das ist, einfach mal Dennis Diekmeier und Tore bei Google eingeben) und wechselte nach nur zwei Saisons mit 17 Jahren von der Bezirksliga in die Verbandsliga zum SV Allner Bödingen. Der nächste Aufstieg also.

Ich war mit Abstand die jüngste in der Mannschaft und merkte schnell, dass hier ein anderer Wind wehte. Hier wurde Erwachsenenfußball gespielt. Schnell, hart, körperlich, laut fordernd. Hatte ich zuvor nach der Ballannahme noch mehrere Augenblicke Zeit gehabt, um den Platz zu scannen und über meinen nächsten Spielzug nachzudenken, spürte ich jetzt schon direkt mit der Ballannahme mal ein Knie, mal beide Knie, mal einen Hintern, mal ein paar Arme, mal auch alles zusammen in meinem Rücken, in meiner Hüfte oder als Frontalangriff. Ein kleiner sportlicher Gruß aus der Küche, der weniger ein nettes Hallo, sondern vielmehr eine kurze Erinnerung daran war, dass es hier *richtig* und dass es hier *anders* zur Sache ging.

Es gab ja mal einen ziemlich schlauen Mann, der uns half,

die Welt besser zu verstehen. Eines der drei Newton'schen Gesetze ist das Wechselwirkungsprinzip, das besagt, dass Kräfte immer wechselseitig wirken. Übt A eine Kraft auf B aus, so übt B eine gleich große, entgegengesetzt gerichtete Kraft auf A aus. Ich hatte die Kraft von A gespürt und lernte mit der Zeit, was die Gegenkraft von B war und wie ich sie nutzen konnte. Ich kam als Mädchen zur Damenmannschaft und war plötzlich selbst zu einer Dame geworden. Und diese junge Dame musste ich erst selbst kennenlernen. Wie bei einer Weinkellerei wurde ich als kleine Traube geerntet, durch eine Presse gedrückt, im Fass gegoren und war so nach mehreren Monaten zu einem charaktervollen Wein gereift. Nicht zu einer Schorle, eher zu einem trockenen Riesling. Das Flüssige ist mehr in Bewegung als das Feste. Das gefiel mir. Also blieb ich. Sechs Jahre lang.

IM »LAND DER VEREINE«

»Deutschland ist immer ein Land der Vereine gewesen«, sagte Julian Nagelsmann in einer Pressekonferenz nach der Heim-Europameisterschaft 2024. Laut der letzten Erhebung des Stifterverbands der Deutschen Wissenschaft im Jahr 2022 gibt es in Deutschland insgesamt 615759 Vereine. Es gibt Karnevalsvereine, Schützenvereine, Kleingartenvereine, Angelvereine, Skatvereine und, ja, es gibt sogar Vereine, die sich besonders schönen Bärten verschrieben haben. Manch einer sagt, Vereinsheime schützten unsere Demokratie.

Sie zählen zu den wenigen verbliebenen analogen Begegnungsstätten, in denen man mit Menschen unterschiedlichster Herkunft und Gesinnung ins Gespräch kommt, und sich nach dem dritten gemeinsamen Bier meistens denkt: »Ach, so schlimm ist der Uwe ja gar nicht.«

Vereine sind Brückenbauer zwischen den Menschen. Sie schaffen Identifikation, Zugehörigkeit und Verwurzelung. Aus dem sozialen Miteinander können tiefe Freundschaften entstehen. Nicht selten sogar ein Familienersatz. Ohne die Vereine wären wir heimatlos. Sie sind der Kitt unserer Gesellschaft und ein freundlich mahnender Zeigefinger für mehr Mit- als Gegeneinander. Das Wappen, die Fahne, der Trainingsanzug als unübersehbare Erkennungszeichen für Verbundenheit und Gemeinsamkeit.

Während der Heim-Europameisterschaft 2024 ließ der Bundestrainer in der Kabine an den Plätzen der Spieler jeweils die Namen ihrer ersten Fußballvereine anbringen. Bei der Hymne beim Eröffnungsspiel trugen die Spieler der deutschen Startelf außerdem weiße Trainingsjacken, auf die unter dem Logo des Ausrüsters Adidas eine kleine Deutschlandkarte gestickt war. Darauf war jeweils der Ort markiert, an dem die Nationalspieler das Kicken lernten. Auf der Jacke von Toni Kroos weist der Pfeil auf Greifswald, seinen Geburtsort im Nordosten von Mecklenburg-Vorpommern. Beim Greifswalder SC lernte Kroos das Kicken. Hier fing für ihn alles an. Ein kleiner Junge mit einem großen Traum. Wenn du weißt, wo deine Wurzeln liegen, dann weißt du, warum du heute da bist, wo du bist. Jeder Weg ist einmalig. Aber eine Sache eint alle: Sie alle waren mal kleine Jungs mit einem großen Traum, und sie alle sind Teil einer Gemeinschaft.

Wenn ich über meine Wurzeln nachdenke, dann lande ich schnell beim SV Allner Bödingen. Dieses Wappen würde an meinem Platz in der Kabine hängen. Die Zeit dort auf dem Dorf (Allner-Bödingen hat 1391 Einwohner) sollte die fußballerisch längste und prägendste Zeit für mich sein. In diesem Alter von 17 bis 23 habe ich zwischen Heuballen, Traktoren und Tradition gelernt, dass der Fußball mehr ist als der rollende Ball. Fußballvereine sind mehr als der Besitz von einem Stück Rasen. Sie sind die Schule des Lebens. Hier geht es nicht nur um das nächste Tor. Es geht um Zukunft, Teilhabe, Verantwortungsgefühl, Werte und Engagement. Dort, in dem 1391-Einwohner-Dorf, befand sich mein persönliches Fußball-Bullerbü. Heile Welt. Nur die roten Schwedenhäuser fehlten. Dafür gab es das Hennefer

Wirtshaus. Nicht rot, sondern terrakottafarben. Nach den Spielen der Herren- und Frauenteams Treffpunkt für alle aus dem Verein. Jeder Verein hat diese eine Person, die das Herz und die Seele des Klubs ist. Die eine Person, die jeder kennt und die jeder mag. Bei uns war das Beate. Regelmäßig spendierte sie nach einem Sieg im Wirtshaus ein Fass Gaffel-Kölsch. Zum Anstoßen gab es natürlich einen Trinkspruch:

> Delirium delarium voll wie ein Aquarium! Es trinkt der Mensch, es säuft das Pferd, doch heute ist es umgekehrt! Herrgott lass den Kater mein, morgen nicht zu schrecklich sein. Gib mir Morgen wieder Durst, alles andre ist mir Wurst. Proooooost!

Bierpoesie. Beate war die Mutter einer Mitspielerin von mir. Jene Frau, die dafür sorgte, dass unsere Trikots gewaschen waren, vor den Spielen Bananen in der Kabine lagen und die auch gekonnt mit dem Zapfhahn umgehen konnte. Mal reichte sie uns Glas für Glas als Frustbewältigung nach einer bitteren Niederlage, mal als Belohnung nach hart erkämpften Siegen. Beate war einfach immer da. Wir alle nannten sie liebevoll »Mutti«. Kein Spitzname hätte passender für sie sein können. Sie umgab dieser spezielle Zauber, der dafür sorgte, dass man sich, selbst wenn sie nichts sagte oder tat, stets geborgen und gesehen fühlte. Bei ihr konnte man einfach sein.

Mutti Beate, der Fußballplatz, dieser Verein waren Zufluchtsort und Auffangbecken, wenn alles andere schwierig und überfordernd wurde. Und was war in dieser Zeit nicht schwierig und überfordernd? Das Leben zwischen Volljährigkeit und frühen Zwanzigern ist durchzogen von Fragezeichen und ersten Malen. Das erste eigene Geld, die erste eigene Wohnung, Fragezeichen. Das erste Mal allein Entscheidungen treffen, das erste Mal allein dumme Entscheidungen treffen, Fragezeichen. Das erste Mal verzweifeln, das erste Mal daraus lernen, das erste Mal weitermachen, Fragezeichen. Der Fußball ist nicht nur der rote Faden in meinem Leben, sondern er hat mir auch immer wieder Antworten gegeben, wenn ich nicht mehr weiterwusste. Meistens musste ich noch nicht mal fragen. Und dieser Verein lieferte nicht nur Antworten, sondern stopfte auch Löcher, die in mir über die Jahre immer größer geworden waren. Das Leck, das nach dem Tod meines Vaters Jahre zuvor entstanden war, tropfte ein bisschen weniger stark. Denn wir waren nicht nur die Damenmannschaft. Wir waren Familie. Es gab ja sogar eine Mutti. Mutti Beate. Familienersatz, Fußball-Bullerbü und heile Welt zwischen Heuballen. Ich hatte alles.

Aber immer, wenn ich in meinem Leben alles zu haben scheine, zufrieden sein könnte, will ich weg. Will ich mehr. Will ich was Neues. Es war Winter, und in das Stagnationsgefühl hinein erreichte mich eine SMS. Ein Bekannter, der im Frauenfußball ziemlich gut vernetzt war, fragte mich, ob ich nicht Lust hätte, an einem Probetraining beim 1. FC Köln teilzunehmen.

1. FC Köln! Das klang nicht mehr nach Fußball-Bullerbü, das klang nach Profifußball.

Ich wusste, dass es einer dieser Momente sein würde, an denen eine neue Zeitrechnung beginnt. Das Leben wird eingeteilt in eine Zeit davor und eine Zeit danach. Ich überlegte. Der erste Gedanke: War ich wirklich bereit, meine Familie aufzugeben? Denn so fühlte es sich an. Komfortzone vs. Karriere. Das war die Entscheidung, die ich treffen musste. Diese einmalige Chance kommt nicht wieder, war mein zweiter Gedanke. Der dritte: Wo muss ich wann sein?

Wenige Tage später saß ich angespannt und mit gepackter Fußballtasche im Zug auf dem Weg nach Köln. Auch mit im Gepäck: ein verunsicherndes Bauchgefühl und die Frage, ob ich die richtige Entscheidung getroffen hatte. Die Bahn war überfüllt, weil die Straßen meterhoch mit Schnee bedeckt waren. Seit Tagen schneite es unentwegt. Gar nicht NRW-like blieben viele Flocken sogar liegen und bestäubten die zahlreichen Hausdächer mit Puderzucker.

Doch aus dem bezaubernden Winter Wonderland wurde wenig später ein düsterer Albtraum. Die Bahn blieb plötzlich auf offener Strecke stehen. Weit und breit keine Haltestelle. Es vergingen fünf Minuten. Keine Durchsage. Zehn Minuten. Keine Durchsage. Nach einer gefühlten Ewigkeit meldete sich eine Stimme, die so klang wie Tom Gerhardt aus Hausmeister Krause, eine Mischung aus Fantasiedialekt mit Anlehnung an Kölsch. Den Inhalt verstand ich trotzdem. Die Oberleitungen sind vereist. Wir können nicht weiterfahren. Da für den gesamten Abend weiterer Schneefall angesagt sei, werde die Strecke bis morgen früh gesperrt. Aus der Traum.

Glaube ich an Gott? Nein. Glaube ich an spirituelle Mächte, die über uns schalten und walten, daran, dass alles im Leben vorherbestimmt ist? Nein. Glaube ich an schicksalhafte Fügungen in entscheidenden Momenten im Leben, die einem schwierige Entscheidungen nicht abnehmen, aber in eine gewisse Richtung lenken? Ja. Das hier war so eine. Ich hatte meine Unsicherheit über die Entscheidung, zum Probetraining zu fahren, ja ohnehin schon im Gepäck. Jetzt hatte ich mein schneebedecktes, puderzuckriges Zeichen dazu bekommen. Wenn wir es dramatisch ausdrücken wollen, dann kann man sagen, dass der Wettergott oder die Deutsche Bahn (am Ende ist immer die Deutsche Bahn schuld) meinen Wechsel zum 1. FC Köln verhindert hat. Denn ich sagte daraufhin final ab. Ich wollte noch etwas in der Komfortzone bleiben.

Aber, wie alle Wandtattoo- und Instagram-Lifecoach-Fans wissen: Wo sich eine Tür schließt, öffnet sich eine neue. An diesem Klingelschild stand aber nicht 1. FC Köln, sondern Fortuna Köln. Und diesmal traute ich mich durch die Tür.

Auch wenn lange auf der Kippe stand, ob ich heil auf der anderen Seite ankommen würde. War die Hürde bei dem Fast-Wechsel zum 1. FC Köln die Deutsche Bahn gewesen, war es diesmal eine fällige Ablösesumme. Der SV Allner-Bödingen definierte sich wegen meiner sechs Jahre dort als mein Ausbildungsverein, und sie waren der Auffassung, dass sie mich erst zu der Spielerin gemacht hatten, die ich jetzt war. Darüber hinaus verlor die Mannschaft mit mir eine ihrer besten Spielerinnen und dafür wollten sie entschädigt werden. Der kleine Dorfverein forderte also vom vermeintlich mächtigeren und ja auch höher spielenden Verein SC Fortuna Köln eine Ablöse für mich. Ich war ihnen fünfhundert Euro wert. Nicht dreihundert Euro, nicht dreihundertfünfzig Euro, nicht vierhundert Euro, fünfhundert Euro. Dafür könnte man sich ein neues iPhone mit 128 GB Datenspeicher kaufen. Endlich eine richtig gute Kaffeemaschine samt Milchaufschäumer oder sich bei einer mehrtägigen, viel zu teuren Hamam-Behandlung im Wellness-Ressort von all dem Schmutz der letzten Jahre befreien lassen. Fünfhundert Euro, die ich Fortuna Köln aber leider nicht wert war. Sie sagten, dass sie grundsätzlich keine Ablöse für Spielerinnen bezahlen. Betonung hier auf »innen«. Für die männlichen Spieler bezahlen sie die natürlich, aber da die Frauenabteilung dafür keinen eigenen Budgettopf hat, bezahlen sie für Frauen keine Ablösesummen. So die Aussage damals. Dabei war das Frauenteam zu diesem Zeitpunkt, im Jahr 2017, die höchstspielende Mannschaft des gesamten Vereins.

Der SV Allner-Bödingen blieb standhaft und wollte von seiner Forderung der fünfhundert Euro Ablöse unter keinen Umständen abrücken. Der Ausweg aus dieser verzwickten Situation sah wie folgt aus: Um den Wechsel zu vollziehen, müsste ich eigenständig für meine Ablöse aufkommen. Ich sollte mich also selbst kaufen. Keine Pointe.

Wo kriegt man als Studentin mal eben fünfhundert Euro her? Da die Vorbereitung auf die neue Saison bald begann, blieb mir nicht viel Zeit, das Geld zu besorgen. Ich ging im Kopf verschiedene Optionen durch. Lotto spielen? Wetten? Kellnern? Niere verkaufen? Mit nur einer Niere kann man doch hervorragend leben, oder? Crowdfunding? Autos waschen? Die Google-Suche half auch nicht wirklich weiter. Die Seite *Schnell Geld verdienen – So geht's seriös!* spuckte folgende Ergebnisse aus: Umfragen machen (social anxiety is kicking in), Gebrauchtes verkaufen (ich besaß nichts Wertvolles), Nachhilfe geben (ich habe ein Abitur von 3,0), Babysitting (ich hasse Babys), Gassi gehen (mit wie vielen Hunden soll das bitte sein, damit ich fünfhundert Euro dafür kriege?), Blut spenden (ich kann kein Blut sehen), Komparse für Filme/Serien (dafür kriegt man fünfhundert Euro?!), Kleinkredit von der Familie anfragen (meine Familie war arm). Als ich mich so langsam mit dem zweiten geplatzten Vereinswechsel innerhalb weniger Monate anfreundete und sich der Ärger darüber, dass ich meinem neuen Verein offensichtlich keine fünfhundert Euro wert war, allmählich legte, tauchte ein völlig unerwarteter Finanzier auf: Opa Herbert.

Er hatte irgendwie Wind bekommen von dem ganzen Wechseldrama. Vermutlich hatte Mama geplaudert. Stoisch und stolz wie er nun mal war, schickte er aber meine Oma Helga vor, um ein Treffen mit mir bei ihnen zu Hause zu vereinbaren. Ob ich denn nicht mal wieder zum Mittagessen vorbeikommen wolle, man habe sich ja so lange nicht mehr gesehen, so die vorerst unauffällige telefonische Anfrage von Oma Helga. Nichtsahnend und ehrlicherweise mit mehr Pflichtgefühl als Vorfreude machte ich mich also auf den Weg. Die Besuche bei meinen Großeltern liefen immer gleich ab. Wie eine Schallplatte, die an einer bestimmten Stelle einen Sprung hat und immer wieder dieselbe Melodie wiederholt. Ich ahnte nicht, dass dieser Besuch alles verändern würde.

Köln ist eine hässliche Stadt. Die Straße meiner Großeltern dient als unschlagbarer Beweis dafür. Würde man »Köln« in der Google-Bildersuche eingeben, wäre die Straße meiner Großeltern das Suchergebnis: schnell und billig zusammengebaute fünfstöckige Mehrfamilienhäuser mit verputzter Fassade in Hellgelb oder Weiß, lieblos und stumpf nebeneinander aufgereiht. Vor jedem Wohnhaus eine fünf mal fünf Quadratmeter große Rasenfläche als Idylle-Alibi. Dat es Kölle.

Im Treppenhaus angekommen, stieg mir ein Mix aus Kellergeruch und 4711 Agua de Colonia in die Nase. Klar, wenn schon Köln, dann auch richtig. Wären viele Menschen allerspätestens jetzt wieder rückwärts aus der Eingangstür gegangen, zog mich der Geruch weiter, auf die nächste Treppenstufe. Für mich roch es nach Kindheit. Jedes Mal, wenn ich das Treppenhaus betrat, war ich plötzlich wieder drei Jahre alt. Ich habe viele Stunden und Tage meines Lebens hier verbracht. Der Kindergarten meiner Schwester und mir lag direkt neben der Wohnung meiner Großeltern. Morgens brachte uns unsere Mutter hin, dann ging sie oft bis spätabends im Krankenhaus arbeiten. Also ging es nach dem Kindergarten für uns direkt zu Oma und Opa, die uns vom Balkon aus schon zuwinkten. Diese Straße, dieses Haus, diese Treppe, diese Wohnung meiner Großeltern, das alles war ein zeitloser Ort. Mein Leben veränderte sich, ich veränderte mich, aber das hier blieb immer gleich. Verlässlichkeit in einer unberechenbaren Welt. Meine Oma würde mir nach jedem Klingeln mit kleinen Schweißperlen auf der Stirn und einer Schürze um die Hüfte die Tür öffnen. Sie hätte dabei *jedes Mal* die gleich gut geföhnte, graue Kurzhaarfrisur. Mein Opa würde *jedes Mal* im Wohnzimmer auf seinem Sessel Zeitung lesen, dabei klassische Musik hören und mich mit seinem argwöhnischen Blick und einem »Da bist du ja endlich« begrüßen, ganz egal, ob ich pünktlich oder unpünktlich war. Er sagte das *jedes Mal.* Beim Mittagessen würde es *jedes Mal* um die Themen Schule, Studium, meine Schwester oder Fußball gehen. Mein Opa würde *jedes Mal* über das gekochte Essen von meiner Oma meckern und sie ihn bei zu viel Nachtisch in der Schüssel ermahnen. Danach würden wir *jedes Mal* gemeinsam die Teller abspülen und meine Oma mich darauf hinweisen, dass ich für die Gläser doch bitte das Frottee-Geschirrtuch verwenden solle. Bei den vielen *ersten Malen* im Leben einer jungen Frau tut es gut, einen Ort zu haben, an dem es nur ein *Jedes Mal* gibt.

Auch diesmal war alles wie jedes Mal. Zumindest vorerst. Als ich die Wohnung betrat, begrüßte mich Oma Helga mit Schweißperlen und Schürze. So weit so bekannt. Auch Opa Herbert saß in seinem Sessel und las die *Süddeutsche Zeitung.* Den argwöhnischen Blick bekam ich heute ebenfalls, aber da mischte sich noch etwas anderes mit hinein, was ich von ihm noch nicht kannte.

Er hatte ein spitzbübisches Lächeln im Gesicht. Was man nicht an seinem Mund, sondern nur an seinen Augen sah. In den Augenwinkeln zeichneten sich feine Linien ins ohnehin faltenreiche Gesicht, und trotzdem bemerkte ich es. Wenn sonst immer alles verlässlich und gleich ist, fällt jede minimale Abweichung sofort auf.

Beim Mittagessen war dann aber wieder alles wie jedes Mal. Ja, ja, Studium läuft gut, nee, nee, von meiner Schwester habe ich nichts gehört. Alle Themen wie jedes Mal. Aber als meine Oma für die Dessertvorbereitung an die Küchenzeile verschwand, gab es plötzlich eine Frage von meinem Opa, und da wurde ich stutzig. Er fragte mich nie etwas. Die Gesprächsführung übernahm immer Oma Helga. Opa Herbert gab teils witzige, teils schnippische Kommentare dazu ab, aber ein Gespräch eigenständig mit einer Frage einzuleiten? Unvorstellbar.

»Und wie läuft der Fußball so?«, fragte er mich unbeholfen.

»Ach«, sagte ich mit einem wegen der ungewohnten Frage verdutzten Gesichtsausdruck und einer abwinkenden Handbewegung. Ein »Drama« folgte wenige Sekunden später aus meinem Mund.

»Ich weiß«, sagte er. »Deine Mama hat es schon erzählt«, schob er nach. Meine Oma kam mit drei Dessertschalen aus der Küche. Zum Nachtisch gab es aber nicht nur Rote Grütze mit Vanillesoße, sondern auch einen Briefumschlag. Und da war es wieder. Das spitzbübische Lächeln in den Augen von Opa Herbert.

»Mach auf«, befahl er mir. »Is' für dich«, sagte er.

Das durchchoreografierte Schauspiel, das meine Großeltern und ich seit Lebzeiten aufrechterhielten, wurde mit einem Schlag durchbrochen. Das hier war ein *erstes Mal.* Das erste Mal stellte mein Opa Fragen, und das erste Mal bekam ich zum Nachtisch nicht nur viel zu mächtige Süßspeisen, sondern auch einen mysteriösen Umschlag. Langes Kuvert, kein Sichtfenster, keine Aufschrift, hinten nicht verklebt. Ich streifte das Papier auf der Rückseite des Umschlags nach oben und sah grüne Scheine. Viele grüne Scheine. Fünf grüne Scheine. Fünf grüne Scheine, die zusammen fünfhundert Euro ergaben!

Meine Oma sah mich an und zuckte mit den Schultern. Das spitzbübische Lächeln von meinem Opa wanderte währenddessen von den Augen in Richtung Mund. Er genoss den Moment.

Natürlich wollte ich das Geld nicht annehmen. Natürlich hatte ich aber auch keine andere Wahl, als es doch zu tun. Mein Opa war ein stolzer Mann. Widerstand zwecklos. Mit einem zufriedenen Nicken stand er auf. Er war kein Mann der großen Worte, er war ein Mann der großen Taten. Opa Herbert hatte immerhin schon im Alter von acht Jahren in mich investiert. Damals auf dem Ascheplatz beim TuS. Eine Aktie, die sich über die Jahre prächtig entwickelt hatte. 15 Jahre später war er also bereit, mehr zu investieren. Nicht fünfzig Euro, sondern fünfhundert Euro. Die Rendite zwar ungewiss, der Aktienkurs aber zumindest stabil bis steigend, keine Erschütterung, kein Crash zu befürchten. Eine sichere Anlage also. Mein Opa hatte mich gekauft. Gott hab ihn selig. Dank Opa Herbert war ich ab August 2017 Spielerin vom SC Fortuna Köln.

DUNKLE UND HELLE KANINCHEN

Im Frühjahr 2013 saß ich mit Trotz, Wut und meinem zerknitterten Abiturzeugnis in meiner mit Schimmel befallenen Dreißig-Quadratmeter-Erdgeschosswohnung in der Kleinstadt Hennef. Neben meiner semiprofessionellen Fußballkarriere beim SV Allner Bödingen hatte ich Wochen zuvor am Siegtal Gymnasium in Eitorf (eine etwa 15 Kilometer von Hennef entfernte Gemeinde) die Schule abgeschlossen und überlegte nun halb verzweifelt, halb angestrengt, was ich mit einer 3,0-Abiturnote anstellen sollte. Ich hatte absolut keine Ahnung. Die Wochen zuvor waren belastend gewesen, denn dieses nur knapp sechs Gramm leichte Abiturzeugnis wog in Wahrheit tonnenschwer.

Im ersten Versuch war ich gnadenlos durchgefallen. In gleich drei Fächern musste ich zur Nachprüfung antreten. Deutsch, Englisch, Biologie. Ausgerechnet während der Prüfungsphase ins Kölner Nachtleben samt 50-Cent-Partys in einem Club namens *Das Ding* abzutauchen, war rückblickend nicht unbedingt die beste Idee meines kurzsichtigen jugendlichen Hirns gewesen.

Am Tag der letzten und alles entscheidenden Nachprüfung zündete meine Mutter gleich mehrere Kerzen an und bat ihre Freundinnen darum, das Gleiche zu tun. Ein verzweifelter Versuch, das Unmögliche doch noch möglich zu machen. Denn die Chancen standen nicht besonders gut. In meinem letzten Schuljahr hatte ich nicht nur zahlreiche Party-Erfahrungen, sondern auch insgesamt dreihundert Fehlstunden gesammelt. Die meisten davon donnerstagmorgens (mittwochabends waren die 50-Cent-Partys). Donnerstagmorgens stand ausgerechnet eine Doppelstunde Biologie auf dem Stundenplan. Und da musste ich nun, vollkommen ahnungslos wie ich war, in die Nachprüfung, die über nicht weniger als den weiteren Verlauf meines Lebens entscheiden sollte. Eine unheilvolle Situation, die nicht nur viele Kerzen meiner Mutter und ihrer Freundinnen erforderte, sondern vor allem die Barmherzigkeit meines Biologielehrers. Er war der Typ Lehrer, für den sich pubertierende Mädchen in die erste Reihe setzen: braune Haare, blaue Augen, Dreitagebart, locker sitzende Carhartt-Denim-Jeans. Sobald die Temperatur auf unter 15 Grad fiel, sah man auch das ein oder andere Flanell-Holzfällerhemd an ihm. Er war *süß*. Sein äußerliches Erscheinungsbild passte definitiv nicht zu Themen wie Zellteilung, Botanik und Ontogenese. Wir sahen in ihm eher den gutaussehenden, Basketball spielenden, nicht verheirateten und neu in die Nachbarschaft gezogenen Junggesellen der jüngst erschienenen Staffel *Desperate Housewives*.

Ich weiß nicht, ob es an den Kerzen meiner Mutter oder doch an den zwei extra fest zugedrückten Augen meines Biologielehrers lag, aber erstaunlicherweise kam ich mit einem »ausreichend« durch. Es war nicht mehr, nicht weniger, es war ausreichend. Die evolutionäre Selektion, ich hatte sie überstanden.

Die Biologie kennt für diesen Prozess der Auslese drei Selektionstypen: Bei der natürlichen Selektion überleben die am besten an ihre Umgebung angepassten Organismen, während weniger gut angepasste Arten verschwinden. Charles Darwin gab dem den Slogan »Survival of the fittest«. So richtig angepasst habe ich mich nie.

Kommen wir also zum zweiten Selektionstypus. Bei der gerichteten Selektion weichen vorteilhafte Merkmale nur in einer bestimmten Richtung vom Durchschnitt ab. Ändern sich zum Beispiel die Umweltverhältnisse, muss sich eine Population daran anpassen und entwickelt neue Merkmale. Ein Beispiel hierfür ist die Anpassung der Schnabelgröße bei Vögeln. Angenommen, die gewohnte Nahrungsquelle hat sich verändert, ist zum Beispiel größer geworden. Dann müssen sich auch die Schnäbel der Vögel anpassen, damit sie weiter überleben. Mein Schnabel aber blieb immer so, wie er mir gewachsen war.

Damit kommen wir also zu Selektionstyp Nummer drei. In manchen Fällen (und jetzt wird's spannend!) haben innerhalb einer Population diejenigen Individuen, die eine extreme Merkmalsausprägung vorweisen können, einen Vorteil gegenüber ihren Artgenossen mit durchschnittlicher Merkmalsausprägung. Das nennt man dann disruptive Selektion. Je »normaler« also das Individuum, desto schlechter seine Überlebenschancen. Dieser Selektionstyp führt zu einer erhöhten Variabilität in einer Population und kann sogar zur Bildung neuer Arten führen. Durch die Ausprägung neuer Merkmale sind diese Lebewesen im Vergleich zu anderen erfolgreicher und tragen dazu bei, dass diese Merkmale in den folgenden Generationen überproportional häufig vorkommen. Nehmen wir eine Population von Kaninchen in einer Umgebung, in der sowohl sehr helle als auch sehr dunkle Felsen vorhanden sind, vor denen die Kaninchen sitzen, um sich vor Wind und Wetter zu schützen.

In diesem Fall würden sowohl sehr helle als auch sehr dunkle Fellfarben einen Vorteil bieten, da die Kaninchen sich dadurch besser tarnen können. Mittelgraue Kaninchen wären hingegen sowohl vor hellen als auch vor dunklen Felsen leichter zu entdecken und damit auch leichter zu fressen. Ich war kein mittelgraues Kaninchen. Ich war in den Extremen zu Hause. Das war mein Schutz vor dem Aussterben.

Für meine Mutter war allein die Tatsache, dass eine ihrer Töchter überhaupt die Chance auf das Erreichen des höchsten Bildungsabschlusses hatte, schon ein Triumph. Sie selbst hatte immer studieren wollen, konnte es aber nicht, weil sie mit 17, statt umarmende Reime in der Barocklyrik zu analysieren, in ein Schwesternwohnheim zog, um von strengen Nonnen zur Krankenschwester ausgebildet zu werden. Während ich mit 18 mittwochabends also meinen 50-Cent-Wodka-Lemon mit einer sogenannten Shot-Spritze in meine Kehle träufelte, nahm sie Menschen mit dem gleichen Werkzeug die Schmerzen. Auch mein Vater verdiente sein Geld mit einer Form des Handwerks. Statt mit der richtigen Zitierweise von Pierre Bourdieu setzte er sich mit den passenden Läufern für Flure und Vorlegern für Betten auseinander. Bouclé-Teppiche, Cut-Loop-Teppiche, Velours-Teppiche. Elegant, stylisch oder funktional. Seine Bühne war nicht der Hörsaal, sondern das Rösrather Möbelzentrum. Mein Onkel arbeitete bei der Kreissparkasse, und meine Tante machte irgendwas in der Verwaltung – außer ihr wusste aber niemand so genau, was sie da eigentlich tat. In Akademikerkreisen würde man davon sprechen, dass ich in einer bildungsfernen Familie aufgewachsen bin. Lebensziel Steuerfachangestellte, nicht Jura- oder Medizinstudium. Die Zahlen nach der Kommastelle wichtiger als das Renommée. Ein Umfeld, das mir auf der einen Seite erlaubte, Fehler machen zu können, weil sowieso niemand was von mir erwartete, ein Umfeld, das mir aber unterschwellig auch immer vermittelte: Dir wird nichts geschenkt, wenn du über die Runden kommen willst, wirst du hart arbeiten müssen. Über die Runden kommen. Wenn es überhaupt so etwas wie ein Ziel gab, dann war es das. Werte der Working Class.

Für mich war es vollkommen abwegig, nach der Schule irgendwelche Träume zu verwirklichen. Ich hatte mich sowieso noch nie zuvor damit auseinandergesetzt, welche Visionen oder Ziele ich überhaupt im Leben hatte. Ich wurde aber auch nie danach gefragt. Statt Sachen anzufangen und sie wieder abzubrechen, kindisch, naiv und total überzeugt von eigentlich unerreichbaren Dingen zu schwafeln, besaß ich schon damals eine tief verwurzelte pragmatische Haltung. Ich war ein Kaninchen, das zu überleben versuchte. Statt mit dem obligatorischen Work-and-Travel-Jahr in Australien verbrachte ich meine Zeit nach dem Abitur damit, fettige Brathähnchen über das Kassenband bei Rewe zu ziehen. Immerhin keine Kaninchen. Das gleichförmige Abkassieren von Frischkäse und Ristorante Pizza Salami bezahlte mir meine Miete. Und es war ein Weg, mich im zarten Alter von 17 bereits von zu Hause loszueisen und unabhängig zu sein.

Fest standen im Frühjahr 2013 also nur zwei Dinge: Ich musste Geld verdienen und mit einem Dreier-Abitur irgendwie an einen Studienplatz kommen. Alle zulassungsbeschränkten Studiengänge waren ausgeschlossen. Die Ambitionen also limitiert. Es ging nicht darum, das zu machen, was ich wollte (na gut, das wusste ich ja aber ohnehin nicht), sondern darum, das zu machen, was im Bereich des Möglichen war. Ich hatte Folgendes in meiner persönlichen Produktpalette im Angebot: mein Abitur, meine Volljährigkeit und mein Fußballtalent. Ich suchte nach einem Studiengang an einem möglichst unattraktiven Standort, das würde die Studienbewerberzahl nämlich drastisch reduzieren und meine Chancen wiederum drastisch erhöhen, und ich suchte nach einem Fach, das keine Zulassungsbeschränkungen hatte. Nach ein paar Stunden Internetrecherche blieb eine einzige Option übrig: Sozialwissenschaften in Siegen. Was das genau bedeuten oder was ich damit anstellen konnte, wusste ich nicht.

Was ich wusste, war, dass ich mit dem Semesterticket kostenlos Bahn fahren konnte und ich mit einer Immatrikulationsbescheinigung nicht nur mein Kindergeld weitergezahlt bekam, sondern auch BAföG beantragen konnte und mir also mehr Geld als der 5,50-Euro-Stundenlohn von Rewe zur Verfügung stehen würde. Pragmatismus über Idealismus.

Manchmal haderte ich dennoch mit der Sinn- und Ambitionslosigkeit meines Werdegangs. Weder mein fußballerisches Können noch meine Nebentätigkeit an der Supermarktkasse konnte in irgendeiner Form beeindrucken. Ich litt an der immer gleichen Depression der täglichen Repetition des Lebens – ohne den Hauch einer Idee, wie man der Lethargie des Hamsterrads entkommen könnte. Ich war einfach nur da. Ein Kaninchen in einem Stall, mit dem Ziel, zu überleben.

Ich ernährte mich die ersten Jahre meines Bachelorstudiums mehrmals die Woche von weißem Sandwichtoast mit Tomatenmark. Als Topping Kräuter de Provence, damit man zumindest irgendwas schmeckte. Die Haute Cuisine des Studi-Daseins. Als Abwechslung in der Wochenmitte gab es Schlemmerfilet in der Aluschale. Bordelaise Classic. Oder Gnocchi mit Pesto in diversen Variationen. Wenn das Geld zum Ende des Monats nicht mal mehr für das Sandwichtoast ausreichte, besuchte ich meine Mutter. Da gab es zwar oft weniger gut verdauliche Diskussionen, aber zumindest einen vollen Magen. Den Kollateralschaden nahm ich in Kauf.

Je länger ich in diesem monatelangen Stadium erbärmlicher Kulinarik und nicht vorhandener Visionen verweilte, desto deutlicher wuchs eine Erkenntnis in mir heran: Das einzige Schöne in meinem Leben war das Fußballspielen.

In der Undurchsichtigkeit dieser Zeit gab es ein paar sehr einfache Prinzipien: ein geschossener Treffer gleich ein erzieltes Tor auf der Anzeigetafel. Mehr geschossene Tore als der Gegner bedeuten einen Sieg. Ein Sieg bedeutet in der Regel drei Punkte. Diverse gesammelte drei Punkte ergeben am Ende der Saison ganz viele Punkte. Ganz viele Punkte machen sehr viele Menschen glücklich. Eine Rechnung, die ich verstand, und eine Rechnung, die für mich aufging.

Während die Welt auf dem Fußballplatz für mich in dramatisch leuchtende rot-grüne Töne eingefärbt war, blieb die Welt abseits des Platzes fade und schwarz-weiß. Ein Kontrast, der die Welt für mich in bedeutsam (Fußball) und unbedeutsam (alles andere) teilte. Zum ersten Mal bekam ich eine Ahnung davon, wie wichtig mir der Fußball eigentlich war. Alles, was ich geworden bin, hat dort seinen Ursprung.

DRITTE LIGA UND TROTZDEM AMATEUR

Regionalliga West, die Dritte Liga in Deutschland. Ich war angekommen in der Welt des Fußballs, des Profifußballs. Die Gegner hießen ab sofort Bayer Leverkusen, SGS Essen-Schönebeck oder Borussia Mönchengladbach. Die neue Realität bestand aus drei- bis viermal die Woche Training. Und aus tagelangem Muskelkater. Es gab Zeiten, da konnte ich mich nicht mal auf die Kloschüssel setzen, zeitweise habe ich sogar über Windeln nachgedacht. Ich bekam Muskelkater an Stellen, von denen ich noch nicht mal wusste, dass es sie gibt, geschweige denn, dass sich dort Muskeln befinden. Nicht selten saß ich nach dem Training mit krampfenden Beinen in der Bahn nach Hause und wunderte mich darüber, dass meine Teamkolleginnen noch locker und ohne Begleiterscheinungen mit dem Fahrrad nach Hause radelten.

Viele, wenn nicht sogar alle von ihnen, waren schon als Juniorinnen bei Vereinen wie Bayer Leverkusen, Alemannia Aachen oder dem 1. FC Köln ausgebildet worden. Die Belastung, das Pensum, die Intensität – ihre Körper waren damit groß geworden. Mein Körper war jahrelang mit Dorffußball, Zeltpartys und Zapfhahn sozialisiert worden und kam jetzt an seine Grenzen.

Als Belohnung für die intensive Arbeit unter der Woche gab es am Wochenende entweder Heimspiele in der Kölner Südstadt oder lange Auswärtsfahrten nach Bocholt, Warendorf oder Uevekoven, die wir selbst organisieren mussten.

In dieser Zeit bestimmte der Fußball mein Leben. Ich gestaltete meine Urlaube nach dem Spielplan. Ich sagte Geburtstage ab, wenn am nächsten Tag ein Spiel anstand. Ich verzichtete auf Verabredungen unter der Woche, damit ich bloß kein Training verpasste. Ja, ich war mit dem Fußball verheiratet. Eine treue Ehefrau, die sich selbstlos und hingebungsvoll dieser einen großen Liebe bedingungslos unterordnete und fest daran glaubte, dass, wenn man Dinge nur stark genug liebte, man für immer mit ihnen verbunden sein würde.

In meiner allerersten Saison schoss ich direkt neun Tore und bereitete zwei weitere vor. Ein guter Start. Vom Ehrgeiz gepackt, wollte ich es mir unbedingt beweisen. Vielleicht geht ja doch noch was in Richtung Bundesliga? Plötzlich fühlte ich mich ihr näher als dem Amateurfußball. Hoffnungslos romantisch glaubte die treue Ehefrau eben an die große Liebe.

Eigentlich hätte ich bei der nicht bezahlten Ablöse schon stutzig werden müssen, aber ich hatte mich blenden lassen vom großen Namen Fortuna Köln. Anders als bei Grimms Märchen »Der Froschkönig« verwandelte sich hier leider der gutaussehende Prinz nach dem ersten Kuss in einen hässlichen Frosch. Dass der äußere Schein trügen kann, war aber auch hier die Moral von der Geschicht'. In der zweiten Saison lief es schleppend, die hohe Belastung bescherte mir eine beidseitige Entzündung der Achillesferse. Ich konnte nicht mehr schmerzfrei spielen. Bei der geringsten Belastung machten meine Waden zu. Ich nahm Ibuprofen, um trotzdem spielen zu können. Und noch zwei Ibuprofen am Morgen danach, um wieder aufstehen zu können.

Trotz der Schmerzen machte es mir unheimlich viel Spaß, ständig gefordert zu sein, und ich gab auch gerne damit an, dass ich jetzt eben für *Fortuna Köln* spielte. Jeder konnte mit diesem Namen etwas anfangen und nickte daraufhin anerkennend oder sogar beeindruckt. Er klang groß, und er klang professionell. Die Form passte, nur passte der Inhalt nicht zur Form. Als hätte man ein altes Nokia 1011 in eine iPhone-15-Pro-Max-Schutzhülle gesteckt.

Denn der klangvolle Name Fortuna Köln war eine Mogelpackung. Elf Einsätze, drei Tore und eine Vorlage war die Bilanz meiner von Verletzungen geprägten zweiten Saison. Eine Saison zum Vergessen und eine, die mich zum Nachdenken brachte. Mir wurde klar, dass Aufwand und Ertrag in keinem Verhältnis zueinanderstanden. Männer in dieser Liga und mit diesem Trainings-, Organisations- und Zeitaufwand hätten einen vier- bis fünfstelligen Betrag im Monat verdient und hätten dazu auch noch Zugang zu vernünftigen Trainingszentren, physiotherapeutischer Behandlung inklusive verletzungspräventiver Maßnahmen bekommen. Wir hatten nichts von alledem.

Es ging uns nicht mal darum, dass wir das Gleiche verdienen wollten wie die Männer. Wir wollten aber zumindest eine gleichberechtigte Ausgangsposition. Wir wollten gleichberechtigte Rahmenbedingungen. Folgendes Beispiel: Es gab eine spezielle Kleiderordnung beim Training, damit wir möglichst professionell aussahen. Das hieß: montags rote Trainingskleidung, mittwochs schwarze Trainingskleidung und freitags wieder rot. Doch die geforderte einheitliche Trainingskleidung wurde mir nach meinem Wechsel nicht etwa vom Verein zur Verfügung gestellt. Ich sollte sie mir entweder im hauseigenen Vereinsshop selbst kaufen oder von einer Ex-Spielerin besorgen. Da ich mit meiner knappen Monatskasse als Studentin nicht in der Lage war, mir einfach mal so einen Satz neue Trainingskleidung zu kaufen, gab man mir schließlich die Telefonnummer einer Ex-Spielerin. Ich kontaktierte sie, denn: Erschien man nicht korrekt gekleidet am jeweiligen Trainingstag, musste man aus eigener Tasche eine Strafe in die Mannschaftskasse zahlen, und das, ohne Gehalt zu beziehen. Auf den T-Shirts, Hosen und Pullis, die ich mir dann schließlich organisiert hatte, waren allerdings überall auf Brusthöhe die Initialen der Ex-Spielerin aufgedruckt. So lief ich ab sofort mehrmals die Woche unter falschem Namen über den Fußballplatz.

Ich bekam also nicht nur kein Geld, mir wurde auch noch meine Identität genommen. Wir waren die am höchsten spielende Mannschaft im Verein und wurden behandelt wie Amateure. Von uns wurde professionelle Hingabe gefordert, was wir bekamen, war das Gegenteil davon. Und das nur, weil wir keinen Penis hatten.

Es reicht nicht, für eine faire Bezahlung von Sportlerinnen zu kämpfen. Wir müssen vor allem die strukturelle Benachteiligung von Frauen im Sport und speziell im Fußball thematisieren. Eine gleichberechtigte Ausgangssituation und gleichberechtigte Rahmenbedingungen für Frauen und Männer im Sport sind das, was sich fundamental verändern muss. Equal Play vor Equal Pay.

Mein Ausflug in den Profifußball endete 2019. Wäre es anders gewesen, wenn die Bedingungen für Spielerinnen andere gewesen wären? Vermutlich. Ich musste mich damals zwischen meiner Leidenschaft und meiner beruflichen Karriere entscheiden. Ich wollte mit viel Ehrgeiz und noch größeren Ambitionen Fußball spielen, ich musste aber auch Geld verdienen und mein Leben finanzieren. Lange habe ich versucht, beides mit dem gleichen Eifer zu bewältigen – und bin gescheitert. Die Aktie, in die Opa Herbert investiert hatte, erlebte 2019 einen Crash, und zwar nicht weil die Aktie selbst an Wert verloren hatte, sondern weil der Markt kaputt war.

GIRLS

Eine Aktie, die bei mir hingegen unerschütterlich und konstant hoch im Kurs stand: laute, selbstbewusste Frauen. Die haben mich schon immer fasziniert. Bereits im Alter von vier Jahren erzählte ich meiner Mutter jeden Abend aufgeregt von Martina. Martina hatte kurze Haare mit blonden Strähnen, war Mitte dreißig, besaß ein loses Mundwerk, war in meinen Augen die lustigste Frau der Welt und meine Kindergärtnerin. Sie war derb, sie war kölsch, sie war einnehmend, und sie war laut. Sehr laut. Schon damals schaute ich zu Frauen auf, die sich nahmen, was sie wollten. Die sich selbstbewusst und ohne Scheu durch die Welt bewegten. Die laut waren, damit man sie hörte. Während das für einige zu viel, zu anstrengend oder zu nervig war, war es für mich immer zu wenig. Ich wollte mehr Martinas, und es sollten weitere folgen.

Meine zweite große Liebe durchfuhr meinen kleinen Körper im Alter von elf Jahren. Ich kam in die fünfte Klasse aufs Siegtal Gymnasium in Eitorf. Erster Schultag, fünf Stunden. Mathe, Doppelstunde Deutsch, Englisch und Sport. Ich, mit einem dunkelblauen, von meiner Oma finanzierten Eastpak, beige-rotfarbener Cordhose, die wilden Locken auf Schulterlänge getrimmt und mit leicht schwitzigen Händen, bereit für das nächste Kapitel meines Lebens. Weiterführende Schule. Jetzt ging es ans Eingemachte. Nachdem ich die erste Stunde Mathe verträumt und teilnahmslos über mich hatte ergehen lassen, war ich in der darauffolgenden Doppelstunde plötzlich hellwach. Nicht weil Deutsch eins meiner Lieblingsfächer gewesen wäre, nicht weil ich mich von Barock bis Buddenbrooks bestens auskannte, nein! In dieser ersten Deutschstunde auf dem Gymnasium lernte ich Frau Probst kennen.

Frau Probst war groß, sportlich, casual bis cool gekleidet, und sie hatte lange nussbraune Haare, die ganz sicher schon mal Teil einer Wella-Werbung gewesen waren. In meinen Augen war sie eine Mischung aus Kleopatra und Jennifer Garner.

Kleonnifer war meine Deutschlehrerin. Als sich unsere Blicke trafen, wurde ich rot. Urgh, unangenehm. Jetzt bloß nicht noch anfangen zu schwitzen. Ich schwitzte (natürlich). Zum Glück habe ich sie in Deutsch und nicht in Mathe, dachte ich direkt. Hier bin ich gut, hier kann ich sie ein bisschen beeindrucken, hier kann ich punkten, hier wird sie sich doch ganz sicherlich auch in mich verlieben. Krabat richtig analysieren und interpretieren? Kein Problem. Geschichten schreiben und bei Heine, Goethe und Rilke den doppelten Boden verstehen? Nichts einfacher als das. Als ich in der letzten Schulstunde des Tages dann auch noch erfuhr, dass Frau Probst ebenfalls meine Sportlehrerin sein würde, gab es kein Halten mehr. Goethe, Rilke und Heine analysieren war eine Sache, mich aber beim Turnen, am Reck oder beim Fußball zeigen zu können, glich einem Jackpot. Jetzt war ich mir sicher: Kleonnifer und ich, wir waren füreinander geschaffen.

Aus meinem Martina-Gefühl wurde ein Frau-Probst-Gefühl. Dass ich präpubertär und sie eine gestandene Mittdreißigerin war, erschien mir nicht als ein Hindernis. Wo die Liebe halt hinfällt. Liebe kennt keine Grenzen. Wo Liebe ist, wird das Unmögliche möglich. Und jetzt alle: *All you need is love (all together now!), All you need is love (everybody!), All you need is love, love. Love is all you need.* John Lennon würde uns schon seinen Segen geben.

Als ich hörte, dass sie bald ihren Geburtstag feiern würde, wollte ich natürlich, dass sie mich einlädt. Ich überlegte schon, was ich ihr schenken könnte. Mit einem selbstgemalten Bild würde ich wohl kaum punkten können. Der »Massagegutschein«, den ich meiner Mutter regelmäßig zum Geburtstag schenkte, hätte zwar ein Türöffner sein können, vielleicht aber auch ein Fall für die Polizei. Vielleicht ein Buch? Immerhin war sie Deutschlehrerin. Ich entschied mich gedanklich für Shakespeares *Romeo und Julia.* Zwar tragisch, aber immerhin die größte Liebesgeschichte aller Zeiten. Zwei frühpubertäre Teenager verlieben sich und steigern sich maßlos in ihre Leidenschaft hinein. Und bei Frau Probst und mir gab es zumindest schon mal einen frühpubertären Teenager. Der Plan stand also. Mit dem festen Vorhaben gings dann zur ersten Stunde Schwimmen. Da stand sie schon in ihrem schwarz-gelben Badeanzug am Beckenrand. Moment mal, Schwarz-Gelb? Die Farben meiner Borussia! Auch das noch. Wir waren wirklich füreinander bestimmt!

Beim Kraulschwimmen blickte ich beim Ausatmen immer ein wenig länger als nötig in Richtung Beckenrand. Schaute sie mich etwa auch an? Zwischen Bahn fünf und sechs beschloss ich, sie nach dem Unterricht auf ihren Geburtstag anzusprechen. Was sollte schon schief gehen?

Zehn Bahnen und sechshundert Atemzüge später, fragte ich sie also frech (und nervös), wann ich denn endlich die

Einladung zu ihrer Geburtstagsparty bekommen würde. Sie schmunzelte. Immerhin. Doch dann der Schock. Ihr Freund habe leider schon einen Tisch für zwei reserviert. Wie Freund? Also ein Freund oder ihr Freund? Die Rechnung war leider recht einfach. Frau Probst + Freund + Geburtstag + Tisch für zwei = Liebe. Meine Welt brach zusammen. Wie ein begossener Pudel stand ich da, die Locken nass, mit tränenden Augen (natürlich vom Chlor). Und plötzlich wurde aus Kleonnifer wieder Frau Probst. Zumindest verstand ich jetzt Romeo und Julia und ihre tragische Liebesgeschichte. Kleoniffer und ich, wir waren Geschichte.

Dass meine Gefühle für Martina und Frau Probst nicht mehr als kindliche Schwärmereien waren, merkte ich mit 15, als ich mich das erste Mal so richtig verliebte.

Was gleich blieb, war mein Beuteschema. Erst versuchte ich es aber sogar mit dem ein oder anderen Jungen, weil es meine Freundinnen ja auch so machten. Meistens tauschten wir die Freunde nach einiger Zeit untereinander. Mal war die eine mit Felix zusammen, danach die andere. Es war beliebig. Also machte ich mit. Max, Felix, Jens, Sebastian. So unterschiedlich sie auch waren, sie alle hatten eins gemeinsam: Ich stand nicht auf sie. Nachdem ich die Marcels und Sebastians samt ersten (Party-)Knutschereien emotionslos bis angewidert über mich hatte ergehen lassen, fand ich aber irgendwann zurück zu meinem Bauchgefühl: Ältere, selbstbewusste Frauen mit Erfahrung, die zogen mich an. Nicht Jungs mit leichtem Flaum über der Oberlippe.

Wenn ich Filme oder Serien schaute, hatte ich mich schon immer mehr für die Mädchen als für die Jungs interessiert. Nervös und verlegen wurde ich nur, wenn ich mit Mädchen sprach, die ich toll fand. Wenn ich auf der Straße Pärchen sah, blieb mein Blick bei der Frau und nicht beim Mann hängen, und oft dachte ich: Wie kann diese Frau mit dem Typen zusammen sein? Mit sieben oder acht schaute ich mit meinem damaligen besten Kumpel Simon (der heute übrigens schwul ist) die ABBA-Tour-DVD seiner Mutter Gabi rauf und runter. Wir waren besessen. *Gimme Gimme Gimme* more ABBA. Während Simon so sein wollte wie Agnetha, sich eine blonde Perücke aufsetzte und versuchte, ihre Tanzschritte zu lernen, wollte ich sie nicht imitieren. Ich stellte mir vor, wie es wäre, sie zu küssen. Ich träumte von Agnetha. Fast jede Nacht. *Voulez-vous (aha), Take it now or leave it (aha), Now is all we get (aha).*

Meine Sexualität war also definitiv kein Fall für Sherlock Holmes, so viel war klar. Obwohl die Anzeichen für meine Liebe zu Frauen, im Rückblick betrachtet, schon früh erkennbar war, dauerte es bis zu meinem 15. Lebensjahr, ehe ich sie selbst wahrnahm.

Es ist nicht so, dass ich mir ausgesucht hätte, nicht auf Männer zu stehen. Ich habe mich einfach nie in sie, sondern immer in Frauen verliebt. Wen man attraktiv findet und wen nicht, ist keine bewusste Entscheidung. Liebe passiert einfach. Das macht sie so toll und auch so gefährlich. An die allerbesten Momente können sich in kürzester Zeit die allerschlimmsten anschließen. Liebe demaskiert, und Liebe ist Lotterie.

Der Weg zu meiner sexuellen Identität war ein schleichender, und selbst hier sollte der Fußball wieder eine wichtige Rolle spielen. Da man als Mädchen nur bis zur B-Jugend bei den Jungs mitspielen durfte, wechselte ich – wie schon berichtet – von der Jungen- in die Damenmannschaft. Und da es bei mir im Dorf keine Mädchen-, sondern eben nur die Damenmannschaft gab, spielte ich mit zarten 15 Jahren bereits mit erwachsenen Frauen zusammen, die ganz genau wussten, wer sie waren und wen sie liebten. Und mittendrin ich, die weder wusste, wer sie war, noch wen sie liebte. Das änderte sich nach ein paar Monaten in der Damenmannschaft allerdings schnell. Sie war unsere Torhüterin. Vier Jahre älter und vier Zentimeter kleiner als ich. Sie wurde meine allererste feste Freundin.

Die Damenmannschaft war für mich also nicht nur fußballerisch Neuland. Auch sonst war dort alles anders und fremd für mich. Dass Frauen Frauen liebten, kurze Haare und vermeintliche Jungs-Klamotten trugen, war hier Normalität. Es ging an diesem Ort nicht nur um Fußball, er war viel mehr als das. Er war ein Safe Space und mein Garten Eden. Ein irdisches Paradies, in dem definitiv mehr Evas als Adams lebten. Ein geschützter Raum, in dem sich alle frei und ohne Vorurteile bewegen und ausdrücken konnten. Es war ein Ort, an dem ich mich sofort zu Hause fühlte.

Zurück zur Torhüterin. Die Sache war nicht unkompliziert. Ich war 15 und sie 19 Jahre alt und eben eine Frau. So richtig wusste ich nicht, wie ich damit umgehen sollte. Meine Gefühle waren eine Mischung aus Scham, Überforderung und Ahnungslosigkeit. Was passiert hier gerade? Darf ich das? Macht man das? Soll ich das? Ich hatte die ganze Zeit Angst, ertappt zu werden, aufzufliegen. Es fühlte sich an, als würde ich etwas Verbotenes tun. Mein großes Geheimnis, von dem niemand erfahren durfte.

In meinem unmittelbaren Umfeld abseits der Damenmannschaft gab es niemanden, der eine Freundin statt einem Freund hatte. Es gab niemanden, der offen seine Homosexualität auslebte. Dass es also definitiv besonders und vielleicht abnormal sein könnte, eine Frau zu lieben, darüber machte ich mir häufig Gedanken in dieser Zeit. Auch in der

Medienöffentlichkeit gab es keine Personen, die mir als taugliches Vorbild hätten dienen können. Hella von Sinnen, die einzige offen lesbisch lebende Frau zu der Zeit (DANKE, DEUTSCHLAND), war eine Mittfünfzigerin mit Zahnlücke und komischen Kostümen. Sie eignete sich eher geringfügig als Role Model einer 15-jährigen auf Findungssuche.

In der Damenmannschaft sprachen hingegen alle über diese eine Serie: *The L Word – Wenn Frauen Frauen lieben.* Darin geht es um eine Clique lesbischer, bisexueller und transgeschlechtlicher Freunde in West Hollywood. Themen wie lesbische Elternschaft, künstliche Befruchtung oder das Coming-out wurden da völlig offen thematisiert. Das erste Mal überhaupt sah ich, wie zwei Frauen sich küssten und miteinander Sex hatten. Und zwar Frauen, die ich attraktiv fand. Aber was hatten irgendwelche fiktiven Lesben aus Amerika mit meinem echten Leben in einem Tausend-Einwohner-Dorf zu tun? West Hollywood war von Schladern in etwa so weit entfernt wie ich von Max, Felix, Jens und Sebastian. Statt Stars und Sternchen gab es hier eine Schlecker-Filiale und einmal pro Woche rhythmische Sportgymnastik mit Sabine. Die einzigen Orte, an denen sich dieses enge Gefühl in der Brust lockerte, waren der Fußballplatz und die Kabine der Damenmannschaft. Das war zwar nicht West Hollywood, aber für mich der aufregendste Blockbuster, den ich mir hätte vorstellen können. Hier begann mein ganz eigener Film.

Die Torhüterin und ich trafen uns in der Anfangszeit nicht in der Öffentlichkeit. Entweder verabredeten wir uns bei ihr im Auto, oder sie kam bei Einbruch der Dunkelheit durch mein Fenster geklettert. Ich wohnte zu der Zeit mit meiner älteren Schwester, meiner Mama, ihrem neuen Mann und ihren gemeinsamen Kindern in einem Haus. Ich hatte zwar das kleinste Zimmer, glücklicherweise aber genau jenes, das im Erdgeschoss direkt neben der Haustür lag. Ein Schelm, wer Böses dabei denkt. Ich nutzte es natürlich schamlos aus.

Sobald meine Mutter meine wesentlich jüngeren Halbgeschwister ins Bett gebracht hatte, der Fernseher nicht mehr zu hören und das Licht im Haus nicht mehr zu sehen war, schickte ich der Torhüterin eine SMS und wenige Minuten später klopfte es an meinem Fenster. Ich zog die Rollladen hoch, öffnete das Fenster, und sie kletterte rein. Mein Bett stand direkt unter dem Fensterbrett, wie praktisch.

Die Nächte wurden zur Erkundungstour. Im Schutze der Dunkelheit sammelte ich meine ersten lesbischen Erfahrungen. Alles war neu, aufregend, fremd, anders, adrenalingeladen und genau richtig. Ich war selbstbewusster, als ich dachte, und fühlte in diesen Momenten nicht den Hauch eines Zweifels.

Die Ereignisse auf diesen fünf bis sieben Quadratmetern gaben eigentlich schon genug Anlass für Herzrasen. Dass aber außerdem niemand wusste, dass ich Nacht für Nacht nicht allein war, sondern eine vier Jahre ältere Frau neben mir im Bett lag, trieb den Adrenalinspiegel oft in den kritischen Bereich.

Meine Mutter musste wegen meiner kleinen Geschwister mehrmals in der Nacht aufstehen. Mal schrie der eine, dann der andere. Die Zimmer waren im Obergeschoss. Sie kam also mehrmals pro Nacht an meinem kleinen Zimmer neben der Haustür vorbei. In diesen Momenten kletterte mein Herzschlag in die Nähe der Infarktzone. Ob sie vor meiner Tür stehen blieb, reinkam oder doch weiterging, glich einem Roulette-Spiel. Bei welcher der drei Möglichkeiten die Kugel liegenblieb? Unberechenbar. Und so versteckte sich die Torhüterin, sobald Kindergeschrei zu hören, war hinter meiner Zimmertür. Minutenlang. Nicht selten lugte meine Mutter tatsächlich durch den Türspalt und murmelte schlaftrunken so etwas wie »Jetzt ist aber mal langsam Schluss, Lena. Morgen ist Schule«. Was Mütter halt so sagen.

Das einzig Verdächtige waren die leeren Red-Bull-Dosen neben meinem Bett. Sonst ließ hier nichts, aber auch gar nichts, auf Nächte schließen, die mein Leben veränderten. Das Versteckspiel war aufregend, aber auch wahnsinnig anstrengend. Und so langsam wurde auch getuschelt. Die Torhüterin war bereits geoutet, und man sah uns immer mal wieder gemeinsam im Auto. Wenn alle Dörfer eine Sache verbindet, dann die, dass Tratschen und Tuscheln ländliche Staatsräson sind.

Als meine Schwester mich eines Tages fragte, ob ich jetzt lesbisch sei, verneinte ich wutentbrannt. Ich schämte mich. Ich war noch nicht bereit. So schleichend der Weg zur Findung meiner sexuellen Identität war, so schleichend war der Weg, sie öffentlich zu machen. Vor mir selbst hatte ich mein Lesbischsein zwar annehmen können, es aber auch gegenüber anderen Menschen zu kommunizieren, war schwieriger. Ich hatte Angst vor Zurückweisung, Ausgrenzung und zu viel Aufmerksamkeit. Ich begriff mein Lesbischsein als Handicap. Als etwas, das für mich einen Nachteil bedeuten könnte. Befeuert wurde das Gefühl durch Coming-out-Erzählungen in Film und Fernsehen, die meist unangenehm, entblößend und weit entfernt von meiner Realität waren. Hier bedeutete das Outing Ausnahmezustand. Wer will sich schon freiwillig in so was reinbegeben?

Fast alle Entscheidungen in meinem Leben treffe ich intuitiv. Ich beschloss also irgendwann aus dem Bauch heraus, die Torhüterin bei Tageslicht nach Hause mitzubringen. Einfach so. Als wäre es das Normalste der Welt.

So standen wir da in unserem Flur. Ohne große Ankündigung, ohne große Vorstellung, ohne ein groß angesetztes Gespräch. Ohne ein »Ich muss euch was sagen«.

So eine entspannte Situation ist für viele Frauen und Männer, die sich outen wollen, nicht selbstverständlich. Viele müssen Angst vor Abweisung, Ausgrenzung, Verstoßung oder Schlimmerem haben. Die Konsequenzen eines Coming-out variieren je nach sozialem Umfeld, familiärem Background, religiöser Prägung oder Herkunft.

Was alle eint: Das Coming-out ist immer eine große Herausforderung und selten eine ausschließlich positive Erfahrung. Selbst hier in Deutschland ist es für viele immer noch unvorstellbar, weil Tante Gabi, Oma Hilde oder Vater Mustafa kaum Berührungspunkte mit der queeren Welt haben. Wie können wir es schaffen, dass sich Menschen von gleichgeschlechtlicher Liebe nicht mehr bedroht fühlen? Derzeit trenden Outing-Hashtags auf TikTok und Co. #ICameOut, #ItIsNeverTooLate, #ILoveMyFamily. Es gibt Coming-out-Merch. Es gibt sogar einen eigenen National Coming Out Day. Er ist witzigerweise an meinem Geburtstag, dem 11. Oktober. Zufall oder Chiffre? Na ja.

Auch wenn ein Hashtag und ein Post für mich nicht der Weg für ein Coming-out wäre, freut es mich sehr, wie viele Menschen sich durch eine sichtbare Community dazu animiert fühlen, zu sich und ihrer sexuellen Orientierung zu stehen. Ich bezweifele jedoch, dass die Hashtags und der National Coming Out Day über die Bubble hinauswirken und Tante Gabi, Oma Hilde und Vater Mustafa erreicht. Genau sie brauchen aber doch mehr Berührungspunkte mit queerer Liebe und queerem Leben.

Ich glaube sogar, dass die übermäßige Inszenierung des Coming-out eine gegenteilige Wirkung haben könnte.

Nicht für die Menschen, die sich outen wollen, sondern eben für all jene, deren Lebensrealität anders aussieht, und für all jene, die der Grund dafür sind, dass für viele nach wie vor ein Outing unvorstellbar ist. Aber genau die müssen wir doch abholen, damit sich die nach wie vor heteronormative Welt, in der wir leben, nachhaltig verändert. Wenn das Coming-out mehr und mehr zum Patch fürs eigene Revers wird, habe ich die Sorge, dass das Überbetonen mehr in Richtung Abgrenzung als in Richtung Normalität führt. Manchmal befürchte ich, dass sich dadurch sogar diese beiden Lebenswelten noch weiter voneinander entfernen. Wie soll etwas, das als derart außergewöhnlich dargestellt wird, je selbstverständlich und gewöhnlich werden? Weniger ist manchmal doch mehr. Indem ich die Torhüterin einfach mitgenommen habe, habe ich nicht nur mich mit der noch vollkommen neuen Situation konfrontiert, sondern auch mein Umfeld. Meine eigene Homosexualität provokant und ohne Teaser zu kommunizieren, hat mir geholfen, sie zu normalisieren. Vor mir selbst und vor allem vor anderen. Bewusst Begegnungen schaffen, das direkte Gespräch ermöglichen, vielleicht sogar eiskalte Konfrontation, eventuell hilft all das auf lange Sicht mehr, als sich am 11. Oktober unter Gleichgesinnten zu feiern. Das kann, muss und soll es auch geben, aber nicht ausschließlich.

Meine Schwester stellte die Frage nach meinem Lesbischsein jedenfalls nicht mehr. Sie hatte ihre Antwort bekommen und das ganz ohne große Erklärung. Meine Mama stellte von Anfang an keine Fragen. Später sagte sie mir, sie habe schon immer gewusst, dass ich auf Frauen stehe. Mamas wüssten so was, und sie wollte mir ganz bewusst einen unangenehmen Coming-out-Moment ersparen. Für sie sei es egal, wen ich nach Hause brächte.

Ich weiß, was für ein großes Privileg das ist, und ich weiß auch, dass ich mein provokantes Outing ohne Erklärung und Einordnung nur machen konnte, weil ich wusste, dass ich keine Konsequenzen zu befürchten hatte. Danke Mama.

Für mich ist so aus einem vermeintlichen Handicap ein emotionaler Türöffner geworden. Meine Homosexualität bedeutet für mich keinen Nachteil, sondern sie hat mir erst den Zugang zu allen Bereichen in mir ermöglicht. Kein anstrengendes Versteckspiel mehr aus Sorge vor Ausgrenzung. Kein Verleugnen der eigenen Sexualität, weil man sich dafür schämt. Mein Outing war mein persönlicher All Areas Pass. Ich war endlich authentisch und endlich ehrlich.

Zum Glück gibt es inzwischen auch in der Öffentlichkeit mehr lesbische Frauen als Hella von Sinnen (danke, Jodie Foster!). Lesbischsein ist mittlerweile mehr als kurze Haare und Oversize-Kostüme. Je vielfältiger die Homosexualität in der Öffentlichkeit zu erleben ist, desto mehr rückt sie auch in jene Lebensrealitäten vor, die sonst keine Berührungspunkte mit der queeren Welt hatten. Vielleicht sind Tante Gabi oder Oma Hilde ja riesige Jodie-Foster-Fans? Und wenn Jodie Foster lesbisch ist, dann ist es vielleicht weniger schlimm, wenn die Enkelin oder Nichte es auch ist.

Meine Homosexualität ist die Realität meines Lebens. Es ist die Realität meiner Existenz, und es ist etwas, von dem ich glaube, dass es schön an mir ist. Es war ein langer Weg dorthin, aber jetzt bin ich eine stolze lesbische Frau und mindestens zweimal im Jahr trage ich sogar ein regenbogenfarbenes Patch am Revers.

Deshalb habe ich eine Bitte an dich: Gib dir Zeit. Du bist genau richtig, so wie du bist. Liebe ist niemals falsch. Und du bist nicht allein. Wir sind viele, und wir sind stolz.

Übrigens: Die Torhüterin und ich waren gut 14 Monate

ein Paar. Sieben davon hat sie mich mit unserer rechten Mittelfeldspielerin betrogen. Mit meiner ersten Liebe gab es also auch gleich den ersten Herzschmerz. Hier wäre auch Kai Pflaume verzweifelt gewesen. Nur die Liebe zählt nicht immer. Das sollte ich auch Jahre später noch erfahren.

BRATHÄHNCHEN, BRIEFE, BUNDESLIGA

Wie ich Sportjournalistin wurde? Na, ganz klassisch. Erst Praktikum und dann Volontariat. Nur dass mein Praktikum nicht beim regionalen Tagesblatt und das Volo auch nicht beim *Kicker* war. Statt einen Zeitungsbericht über den Landesliga-Aufstieg der 1. Herren aus dem Nachbardorf zu schreiben, lernte ich bei meinem Praktikum, wie teuer zwei Kilo Kartoffeln sind. Statt in meinem Volontariat erste Interviews mit Fußballspielern zu führen, stapelte ich Briefe bei der Deutschen Post. Mein Weg zur Sportschau und in die TV-Studios zwischen Köln-Hürth und Berlin-Adlershof führte über die Supermarktkasse bei Rewe und das Briefverteilzentrum in Köln-Porz.

Mein erstes eigenes Geld habe ich während meines Abiturs an der bereits erwähnten Supermarktkasse verdient. Pampers, saftige Hähnchen vom Metzger und manchmal auch die ein oder andere Telefonnummer begrüßten mich mehrmals die Woche auf dem Rollband. 5,50 Euro die Stunde, Arbeitszeit 7 bis 11, 10 bis 15 oder 17 bis 22 Uhr. Mein 18-jähriges Ich (schwitzend, in einem roten T-Shirt mit Rewe-Rückenprint) hat in der Emil-Langen Straße 4 das erste Mal begriffen, wie viel Zeit eigentlich wirklich in einer einzigen

Stunde steckt. Eine Stunde sind 60 Minuten, 3600 Sekunden oder 3 600 000 Millisekunden. Noch nie in meinem Leben kamen mir eine Stunde, 60 Minuten, 3600 Sekunden, 3 600 000 Millisekunden länger vor als an Kasse drei.

Der Adrenalinpegel stieg nur dann, wenn ich in das Mikrofon an meiner Kasse durch den ganzen Markt »Einmal Storno an Kasse drei, bitte« sagen musste. Ein kleiner ruhmvoller Moment. Immerhin hörte jetzt jeder meine Stimme. Natürlich war der Rewe-Markleiter, und damit mein Chef, ein mittelalter glatzköpfiger übergewichtiger Best-Ager.

Die eigentliche Chefin aber war Frau Kalolepp an Kasse eins. Sie saß nicht nur dort, sie war auch die Nummer eins. Sie kannte jeden Preis, sie kannte jedes Produkt, und sie kannte für jedes Problem die Lösung. Frecher Kurzhaarschnitt und freche Schnauze. Das mochte ich. Während mein Chef im Hinterzimmer die Kassen auf korrekte Geldbeträge überprüfte, war sie der Star auf der Supermarktbühne.

Starke Frauen standen zu dieser Zeit fast nie in der ersten Reihe, aber sie haben mich immer schon durch meine berufliche Laufbahn begleitet. Ich musste nur genau hingucken.

Nach zwei Jahren des nervigen Brathähnchen-über-die-Kasse-Ziehens, entdeckte ich online eine Jobanzeige: Briefzentrum der Deutschen Post im Köln-Airport-Businesspark. Die Arbeitszeiten waren fies: 5 bis 11 Uhr, 9 bis 16 Uhr, 17 bis 23 Uhr. Aber das Gehalt überzeugte: Weihnachts- und Urlaubsgeld und (Trommelwirbel) zwölf Euro die Stunde. Nicht zehn, nicht elf, sondern ZWÖLF Euro die Stunde! Also mehr als das Doppelte als an der Rewe-Kasse!

Auf dem Weg zum Bewerbungsgespräch war ich so aufgeregt, dass ich gleich dreimal wieder umdrehte und versuchte, mir aus Angst und Bequemlichkeit die desolate und ausbeuterische Situation an der Rewe-Kasse schönzureden. So schlimm waren die Brathähnchen jetzt auch wieder nicht!

Doch dann führte ich mir vor Augen, was ich mit dem zusätzlichen Geld alles machen könnte, wie viel weniger Sorgen, wie viel mehr Spielraum und wie viel mehr Freiheit ich hätte. Und natürlich waren zwölf statt 5,50 Euro Stundenlohn der wesentlich bessere Deal. Gerade wenn man irgendwie die Miete für die mit Schimmel befallene 35-Quadratmeter-Studenten-Erdgeschosswohnung bezahlen muss.

Das gelbe Zeichen mit dem Schwarzen Posthorn lächelte mich schon von Weitem an. Allein das Logo hatte für mich schon was Staatsmännisches, Bedeutsames. Deutsche Post. Das war für mich als Dorfkind in etwa so, als würde ich mich für eine Stelle bei der Deutschen Bundesregierung bewerben. Das klang groß. Zu groß? Sicherheitshalber hatte ich mir einen Blazer mit Nadelstreifen angezogen, der mir für eine Briefsortiererin jetzt doch etwas overdressed erschien.

Ich verlief mich erst mal. Schon das Gebäude war zu groß für mich. Nach mehreren falschen Türen stand ich mit fünfminütiger Verspätung endlich vor der richtigen. Auf dem Namensschild vor dem Eingang stand aber nicht, wie erwartet, Stefan, Peter oder Hans Irgendwas. Es stand ein Name an der Tür, den ich im wildesten Traum nicht erwartet hätte. Hatice Demir. Hatice? Ist das nicht ein weiblicher Vorname? Ein weiblicher, türkischer Vorname? Ehe ich mir weiter Gedanken darüber machen konnte, musterten mich vorwurfsvoll zwei schwarze Lack-Pumps. Mit »Da sind Sie ja endlich« wurde ich spitzzüngig begrüßt. Das war sie also: Hatice Demir. Eine schwarzhaarige, attraktive Mittdreißigerin mit streng gezogenen Augenbrauen und rotem Lippenstift. Sie war die Chefin hier. Das merkte ich sofort. Ich war angetan und eingeschüchtert zugleich. Der Name Hatice bedeutet übrigens vertrauenswürdig, reif und hochrespektiert. Sie vereinte alles. Zwölf Euro Stundenlohn und jetzt auch noch eine selbstbewusste, charismatische Chef*in*? Ich liebte alles daran.

Sie hatte einen riesigen L-förmigen Schreibtisch in ihrem Büro und blätterte halb interessiert, halb routiniert durch meinen Lebenslauf. Mit meiner Rewe-Kassenerfahrung würde ich wohl nicht punkten können, fürchtete ich. Wie viel zwei Kilogramm Kartoffeln kosten oder wann der Zott-Sahnejoghurt im Angebot ist, würde eine Hatice Demir definitiv nicht beeindrucken.

Dass ich studierte und Fußball spielte, zog schon mehr. Die Fußballkarte war eine, die sich auszuspielen lohnte. Wir sprachen über den Effzeh und Galatasaray Istanbul, und während wir das taten, löste sich meine Anspannung merklich. Fußball. Das war mein natürliches Habitat. Mit meinem immer selbstbewussteren Auftreten stiegen meine Chancen. Meine Körpersprache veränderte sich, meine Gesichtszüge auch. Sie stellte mich ein. Samt Kompliment für meinen Nadelstreifenblazer.

Als ich ihr Büro verließ, glich meine Körperhaltung der von Wonder Woman. Kennt ihr diese Pose, wo sie breitbeinig und aufrecht dasteht und beide Fäuste in die Hüfte stemmt? Das war ich jetzt. Ich fühlte mich wie eine Superheldin. Statt eines Diadems auf der Stirn, trug ich stolz einen Nadelstreifenblazer. Immerhin arbeitete ich ab sofort für so was wie die deutsche Bundesregierung und verdiente zwölf Euro die Stunde. Fortan gab es für mich also Briefe statt Brathähnchen. Eine Erfolgsgeschichte made in 51149 Köln.

Meine Aufgabe ab sofort? Briefe zu sortieren. Man musste entweder die richtige Adresse ermitteln, sie zum Absender zurückschicken oder ganz aussortieren. Fließbandarbeit am Computer. Die türkischstämmigen Mädchen und Frauen besetzten die Nachmittagsschichten und die Bärbels, Angelikas und Steffis kamen zur Vormittagsschicht. Ich passte da nirgendwo so richtig rein, und doch fühlte ich mich am Nachmittag wohler. Es wurde zwar nur Türkisch gesprochen, aber immer viel gelacht. Ich lachte einfach mit, auch wenn ich nichts verstand. Nach jeder Stunde gab es eine zehnminütige »Bildschirmpause«. Durchschnaufen und Baklava. Alhamdulillah!

Hand aufs Herz: Die Arbeit war eintönig, anstrengend, langweilig und absolut ätzend. Manchmal dachte ich wehmütig an meine Brathähnchen zurück. Nach gut einem Jahr des Briefesortierens erhörte jemand meinen stummen Hilferuf. Mein Kommilitone Marvin fragte mich, ob ich nicht Lust hätte, bei ihm zu arbeiten. Sie würden gerade neue Werkstudenten suchen. Primär weibliche. Man müsse nur studieren und sportinteressiert sein. Als er auf meine Nachfrage, wo er denn genau arbeiten würde, mit »Sportschau« antwortete, schaute ich ihn fassungslos an. *Die* Sportschau? Es wirkte wie ein schlechter Witz. Wieso sollte denn jemand wie ich bei *der* Sportschau arbeiten? Ja, ich spielte Fußball und ja, ich interessierte mich für Sport, aber die Sportschau erschien mir dann doch eher fünf als nur zwei Nummern zu groß für mich.

Eine Bewerbung abzugeben konnte aber zumindest nicht schaden. Ich hatte ja noch eine ganz ordentliche für die Deutsche Post bei mir auf dem Laptop. Eigentlich hatte ich nur achtlos das alte Dokument ein zweites Mal ausgedruckt, und doch würde genau das mein ganzes Leben verändern.

Ein kleiner Schritt für die Menschheit, aber ein großer Schritt für mich.

Aus 5,50 Euro, Frau Kalolepp und Briefen samt Baklava in Köln Porz wurde wenig später Lena Cassel bei der Sportschau.

DIE SPORTSCHAU

Das Gebäude war karminrot mit kleinen Fenstern, die, wenn sie Gitter davor gehabt hätten, auch Knastscheiben hätten sein können. Ich musste in den zehnten Stock. Als ich nach oben schaute, wurde mir bewusst, wie klein ich und wie massiv dieses Gebäude war.

Am Eingang wurde mir ein Passierschein ausgehändigt, als würde ich jetzt ein anderes Land betreten. Später sollte ich lernen, dass das gar nicht so weit von der Realität entfernt war.

Auf dem Passierschein prangten dick und fett die drei dunkelblauen Buchstaben »WDR«. Westdeutscher Rundfunk. Ich kannte das Logo nur aus dem Fernsehen. Ich hängte mir die mit einem blauen Band versehene Tageskarte um den Hals und merkte, wie schwer eigentlich ein Stück Papier sein kann. In diesen zwei bis drei Gramm steckte eine ganze Welt: Ernst Huberty, Tor des Monats, über fünfzig Jahre Sportberichterstattung. Aus zwei bis drei Gramm werden da ganz schnell Tonnen von Prestige. Ich versuchte trotzdem, den Rücken gerade zu halten, die Wonder-Woman-Pose lag schließlich noch nicht allzu lange zurück.

Oben angekommen, offenbarte sich mir statt des erwarteten TV-Glamour eine architektonische Tristesse. Es hatte etwas Behördliches. Lange Flure rechts und links und viele einzeln davon abgehende Zimmer. Es roch nach Omas Keller, und der Teppich auf dem Boden hatte seine besten Tage auch schon hinter sich. Dieses Set-up kannte ich sonst nur vom Bürgeramt. Heute ging es aber nicht um einen neuen Personalausweis, sondern um das Ticket in die sagenumwobene Welt des Sportfernsehens.

Ich hatte nie konkrete Ambitionen, Ziele oder Vorstellungen von dem, was ich in meinem Leben beruflich machen wollte. Eigentlich gab es immer nur ein Ziel: Geld verdienen, über die Runden kommen. Egal wo und egal womit. Menschen, die sagen, Geld sei ihnen nicht wichtig, sind meistens Menschen, die es sich leisten können, so was zu sagen. Für mich war Geld zu diesem Zeitpunkt der einzige Antrieb. Arbeiten hatte wenig mit Selbstverwirklichung oder Spaß zu tun. Arbeiten bedeutet Geld zu verdienen und Geld zu haben bedeutet weniger Sorgen und mehr Freiheit. Das war meine Sozialisierung.

Nun stand ich da. Links ein Flur, in der Mitte die Aufzüge, rechts ein Flur, und ich merkte sofort, dass hier im zehnten Stock des WDR-Archivhauses die Währung noch eine andere war: der Nimbus der Sportschau. Der lässt sich nicht einfach in Euro aufwiegen. Wenn das hier klappen sollte, wäre das ein wie mit neongelbleuchtendem Textmarker hervorgehobener Einschnitt in meinem Berufsleben. Brathähnchen, Briefe, Bundesliga. Es war wieder einer dieser glitzernden Panini-Sticker-Momente.

Der linke Flur war meiner. So hatte es mir ein gewisser Holger in der letzten E-Mail erklärt. Er hatte auch von einem »kleinen Einstellungstest« gesprochen. Was der genaue Inhalt dieses Tests sein sollte, sagte er nicht. Ich hasste Überraschungen.

Irgendwie war die Anspannung aber trotz des bevorstehenden Tests und des Namens Sportschau geringer als bei der Deutschen Post und Hatice Demir. Hier hatte ich nichts zu verlieren. Ich begriff das alles als netten Zusatz. Mir hätte auch der kleine Passierschein mit dem WDR-Logo als Andenken an diesen Ausflug gereicht.

»Sportschau Archiv« stand an dem Schild vor der Tür. Holger, Bernd und Matthias waren die Namen darunter.

Holger war so, wie man sich einen Holger vorstellt. Longsleeve mit drei Knöpfen am Ausschnitt, Jeans, schwarze Wanderschuhe, rechteckige Lesebrille. Modell: Supermarkt-Kassenaufsteller. Unaufgeregt und herzlich. Er war der Chef des Sportschau-Archivs.

Mit seinem immer leicht geröteten Gesicht wirkte er so, als wäre ihm ständig irgendwas peinlich. Ich mochte ihn direkt. Nach kurzem Smalltalk gingen wir in ein anderes Zimmer. Acht Quadratmeter, die meinem Bild eines Verhörraums gefährlich nahekamen. Jetzt sollten also Fakten geschaffen werden. Während ich bei Hatice Demir noch locker mit ein paar Fußballanekdoten und meinem Nadelstreifenblazer punkten konnte, ging es hier richtig zur Sache. Der Einstellungstest!

Ich bekam Bilder gezeigt und musste sagen, wer darauf zu sehen war. Zum Glück habe ich jahrelang die *Bravo Sport*, den *Kicker* und das *11 Freunde*-Magazin gelesen und dazu sehr viel (sehr, sehr viel!) Fernsehen geschaut. Der Handballer Silvio Heinevetter und seine Freundin Simone Thomalla waren auf dem ersten Bild zu sehen. Gerd Müller aka »Kleines dickes Müller« auf dem nächsten. Es folgten die Beachvolleyball-Olympiasieger Julius Brink und Jonas Reckermann, Tischtennis-Ass Timo Boll und sein Mannschaftskollege Dimitrij Ovtcharov, Skispringer Martin Schmitt, Schwimmerin Britta Steffen und Olympiaheld Michael Phelps. Und so weiter. Die komplette Bandbreite der sportlichen Berichterstattung. Es lief gut, aber das war noch nicht alles.

Nach den Bildern folgte eine Din-A4-Seite mit verschiedenen Aufgaben. Nenne vier Brüderpaare aus der Bundesliga, die Standorte der letzten fünf Olympischen Spiele, die aktuelle Tabelle der Zweiten Bundesliga, sechs Vereine aus der Dritten Liga, wofür steht die Abkürzung IOC, wer ist Thomas Bach. Hui. Ich kämpfte mich durch, und auf das gute Gefühl nach den Bildern folgte eines der absoluten Verunsicherung. Und Holger hatte ein Pokerface. Lag bestimmt aber auch an seiner Brille (die obere Umrandung war so dick, dass man seine Augen ohnehin kaum sah). Wie ich abgeschnitten hatte, ließ sich aus seinem Gesicht jedenfalls nicht ablesen.

Zwei Tage später war ich schlauer. Eine kleine eins ploppte in meinem E-Mail-Postfach im Ordner »Unbekannt« auf. Eine Mail von Holger. Sie würden mich gerne einen Tag zum Probearbeiten einladen. Jetzt auch noch Probearbeiten? Ich wollte doch nur wie bei Monopoly endlich meine »Rücke vor bis auf Los. Ziehe M 200 ein«-Karte.

Beim Probearbeiten sollte ich nun Videomaterial von unterschiedlichen Sportveranstaltungen anschauen und notieren, wer oder was zu sehen war. Zielsetzung: genaues Dokumentieren, damit Redakteure oder Autoren benötigtes Videomaterial im Archiv schnell und unkompliziert finden können. Na gut. Ich tippte also vor mich hin und verabschiedete mich nach fünf Stunden Probearbeiten.

Dann hieß es wieder warten. Zwei Tage später kam die Mail von Holger. Eine Mail mit Tragweite. Sie würden sich freuen, mich als neue Werkstudentin im Archiv der Sportschau begrüßen zu dürfen. Das, was darauf folgte, nennt man in Neuseeland einen »Haka-Tanz«. Der Haka ist ein ritueller Tanz der Māori, bei dem die Zunge herausgestreckt, die Hände auf die Beine geschlagen und die Augen so weit wie möglich aufgerissen werden. Beim Haka wird nicht gesungen, sondern laut und eindrucksvoll gebrüllt. Der Ausruf »Ko Uhia Mai« bedeutet dabei so etwas wie »Lasse sie alle wissen«. Ursprünglich demonstrierten die Māori-Krieger damit vor einer Schlacht oder Auseinandersetzung ihre Stärke und ihr Können. Ich tat, nachdem ich die E-Mail gelesen hatte, alles gleichzeitig. Auch ich hatte Großes vor mir, und auch ich wollte es alle wissen lassen.

Ich war jetzt also bei der Sportschau (*der* Sportschau!). Doch es gab ein Problem. Nach der ersten Euphorie zögerte ich. Mehr Geld gab es beim Briefesortieren. Die Deutsche Post hatte weniger Prestige, aber bot mehr finanzielle Sicherheit. Ich hatte kein monetäres Auffangnetz, was mich hätte abfedern können. Weder meine Familie noch mein Umfeld waren in der Lage, mir mit einer monatlichen Finanzspritze Träume und Visionen zu ermöglichen. Das BAföG, was ich bekam, reichte für die Miete, aber nicht zum Leben. Ich haderte und musste die erste große Entscheidung in meinem beruflichen Leben treffen.

Es war einer dieser kleinen Momente, die im Rückblick enorm an Bedeutung gewinnen. Wenn man realisiert, was aus diesen vermeintlich kleinen Entscheidungen resultierte. Wenn ich mich damals gegen die Sportschau und für das Geld der Deutschen Post entschieden hätte, wäre ich heute vermutlich eine andere.

Am Ende vertraute ich wieder auf mein Bauchgefühl und das sagte: Bundesliga statt Briefe. Mit meinen zarten zwanzig Jahren entschied ich mich dazu, das finanzielle Risiko einzugehen.

Innerhalb einer Woche änderte sich damit mein gesamtes

Leben. Wenn ich nun von meinem Job erzählte, sahen mich auf einmal alle mit anderen Augen. Das fühlte sich wahnsinnig gut an. Diese Bestätigung kannte ich sonst nur vom Fußballplatz. Als jemand, der im Leben bisher wenig geschenkt bekommen hatte, waren wohlwollende Blicke mit einem anerkennenden Zunicken for free etwas, das mich ab diesem Zeitpunkt antreiben sollte. Diese Sehnsucht nach Anerkennung würde in Zukunft nicht nur meine Entscheidungen im Leben mitbestimmen, sondern mich auch wie von einer Droge bis zum kalten Entzug abhängig machen.

Nach den ersten aufregenden Wochen im zehnten Stock ertappte ich mich, angekommen im Alltag, immer häufiger bei dem gleichen Gedanken: Ich passe hier nicht rein. Auf den Sportschau-Fluren tummelten sich fast nur weiße Männer. Ich glaube, ich habe in meiner ganzen Zeit dort nicht einen einzigen Schwarzen Menschen gesehen. Es war weiß, es war Mitfünfziger-Vorstadtbürgertum, es war elitär, es war männlich. In meiner Wahrnehmung arbeiteten dort nur Leute, die mit Kästen von Gerolsteiner-Wasser, einem Vorgarten, Ski-Urlauben und Auslandsaufenthalten in der elften Klasse groß geworden sind. Ich war nichts von alledem.

Bei mir in der Familie hat vor mir niemand überhaupt studiert. Wir haben gebrauchte Kleidung getragen, kauften das grüne Lidl-Mineralwasser mit dem tollen Namen *Saskia*, und bis zu meinem 18. Lebensjahr hatte ich noch nie ein Flugzeug von innen gesehen. Ich kam aus der Working Class, und mein Vater hat mich im Gegensatz zu Victoria Beckhams Dad auch nicht mit dem Rolls Royce von der Schule abgeholt. Wir hatten gar kein Auto. Ich hatte den Eindruck, mit meiner Prägung, meinem biologischen Fußabdruck und aus meiner sozialen Schicht hier nicht reinzupassen. Und ich fiel auf: Nicht nur, weil ich eine der ganz wenigen Frauen im zehnten Stock war, sondern weil ich auch noch Tattoos hatte, lesbisch war, Hosen mit Löchern trug und als einzige Werkstudentin nicht an der Sporthochschule Köln, sondern in Siegen studierte. Und zwar nicht mit einem Einser-, sondern mit einem Dreier-Abitur im Nachrückverfahren.

Bei den Weihnachtsfeiern oder Karnevalspartys im zehnten Stock begegnete man mir mit Neugier. Ich registrierte die Blicke und die regelmäßigen Nachfragen zu meinen Outfits oder meiner sexuellen Orientierung. Ich fühlte mich wie eine unbekannte Spezies im Kölner Zoo, die neben den altehrwürdigen Elefanten herausstach. Während die Elefanten gemeinsam als Herde in ihrem Gehege lebten, stand ich ganz allein in meinem Käfig.

EINE ODE AN DEN FUSSBALL UND DIE FRAUEN

Trotz all der Unterschiede zu den anderen gab es aber einen gemeinsamen Nenner, der mich weitermachen ließ: die Liebe zum Fußball. Dass ich selbst spielte – und das auch ganz passabel –, half mir nicht nur beim Smalltalk an der Kaffeemaschine. Meine Hingabe zum Fußball verband mich mit vielen anderen im zehnten Stock. Fußball ist für alle da. Auch für jemanden wie mich.

Mit meiner Kombination aus Frau + Fußballkarriere war ich so was wie das regenbogenfarbene Einhorn im zehnten Stock. Auch wenn ich mich zu Beginn unwohl fühlte, ständig unter Beobachtung zu stehen und beäugt zu werden, verstand ich, dass auch hier die extreme Ausprägung ein Vorteil für mich war. Denn du brauchst als Frau in der Gesellschaft und besonders im Sport einen doppelten Boden, der dir Kredibilität gibt. Als Frau startest du im natürlichen Lebensraum des Mannes nämlich erstmal im Minusbereich. Um sich da rauszukämpfen, brauchst du Dinge, die dir einen Extraboost verleihen. Du musst mehr leisten als deine männlichen Kollegen, um aus der roten Zone (Minusbereich) in die grüne Zone (Plusbereich) zu kommen. Dabei musst du immer wieder unter Beweis stellen, dass du dich auch wirklich (also wirklich, wirklich!) für Sport interessierst und nicht nur berühmt werden willst.

Apropos Einhorn und Regenbogen. Dass ich auch noch lesbisch war und keinen Typen auch nur eines Blickes würdigte, war mein ultimativer Glaubwürdigkeitsgarant. Die Lena, die interessiert sich also vielleicht wirklich, wirklich nur für den Sport.

Kennt ihr diese kleinen Super-Pilze bei Mario Kart? Sammelt man die beim Rennen ein, führt das zum sofortigen Wachsen und zu zusätzlicher Kraft, die es dem Spieler ermöglicht, Hindernisse zu durchbrechen und Gegentreffer des Gegners einstecken zu können. Mein Lesbischsein und meine angehende Fußballkarriere in der Regionalliga West waren mein Super-Pilz. Dass ich dann auch noch das Trikot des Kölner Traditionsklub SC Fortuna Köln trug, war natürlich in den heiligen Hallen des Westdeutschen Rundfunks eine Auszeichnung allererster Güteklasse.

Genau das sind die Gründe für meine Verbundenheit zu diesem Sport, und warum ich ihn bis heute mit aller Vehemenz verteidige: Der Fußball war wie so oft in meinem Leben mein Schutzschild gewesen. Er war für mich da. Das ist ein Privileg, und viele andere Frauen erleben es leider nicht so.

Zur Wahrheit gehört auch, dass der Großteil dieses männlich dominierten Ökosystems Fußball für Menschen mit Busen und Eierstöcken im Normalfall kein Safe Space ist. Im Gegenteil, die Welt des Fußballs wird oft genug zum Epizentrum für Diskriminierung, Sexismus, Frauenfeindlichkeit und eindimensionale Denkweisen. Biotop und Nahrungsstätte für männliche Breitbeinigkeit, Selbstüberschätzung und Größenwahn. Ein Boys Club, in dem die rote, dick verknotete Kordel zum Inner Circle für viele Frauen verschlossen bleibt oder der Zugang durch frauenfeindliche Äußerungen und Handlungen mindestens erschwert wird.

Ich kenne zu viele Frauen und Mädchen, die, wenn sie ins Stadion gehen, aufgrund ihres Geschlechts ein ungutes Gefühl haben und regelmäßig sexistischen Beleidigungen und Übergriffen ausgesetzt sind. Ich kenne zu viele Frauen und Mädchen, die Fußball spielen und auf einem verletzungsanfälligen, unebenen Ascheplatz spielen müssen, weil auf dem gut gedüngten Rasenplatz selbstverständlich die Männer und Jungs trainieren dürfen. Ich kenne zu viele Frauen und Mädchen, die nicht mehr Fußball spielen können, weil zahlreiche Frauen- und Mädchenabteilungen geschlossen werden, denen angeblich das Geld fehlt, während die Männer zeitgleich die nächste Saisonabschlussfahrt nach Mallorca in den neuen Trainingsanzügen planen. Ich kenne zu viele Frauen und Mädchen, die professionell Fußball spielen und trotzdem nebenbei noch Vollzeit arbeiten müssen, weil das Geld sonst nicht für die Miete reicht. Ich kenne zu viele Frauen, mich selbst eingeschlossen, die als Expertinnen oder Moderatorinnen ständig und nach jedem öffentlichen Auftritt frauenfeindlichen Äußerungen ausgesetzt sind.

Es ist nicht leicht, in dieser Welt eine Frau zu sein. Es ist manchmal einfach anstrengend und ermüdend. Die große Chance der Frauen in dieser Welt ist es aber, sich gegenseitig zu unterstützen. Neben einem Clean Girl oder einem Brat Girl auch ein Girl's Girl werden.

Ich war früher riesiger Fan von der Serie *Disneys Große Pause*. Es geht um eine Clique, die auf dem Schulhof zahlreiche Abenteuer erlebt. Es geht um Alltags- und Beziehungsprobleme und um zahlreiche andere Themen, die Kinder zwischen 13 und 16 nun mal beschäftigen: erste Liebe, Mobbing, Schulstress und nervige Eltern. Teil dieser Clique ist auch Ashley Spinelli. Sie trägt neben zwei Zöpfen immer eine Mütze, schaut Wrestling und ist als das härteste Kind auf dem Schulhof bekannt. Alle nennen sie nur Spinelli, weil sie ihren Vornamen Ashley nicht mag und sie außerdem nicht zu den Ashleys gezählt werden will. Die Ashleys sind eine Gruppe intriganter, zickiger Mädchen, die nicht nur Spinelli, sondern auch alle anderen Mädchen, die nicht ihren Vorstellungen entsprechen, hänseln.

Nicht nur in Serien, sondern auch im echten Leben werden Frauen oft so dargestellt wie die Ashleys. Genau deshalb sollten Frauen sich miteinander verbinden, zusammenschließen und zu einer Girlhood werden, indem wir uns als Frauen bestärken und nicht gegenseitig schwächen. Wir brauchen mehr Spinellis als Ashleys.

Es bedarf viel Mut und Stärke und, ja, eventuell auch den ein oder anderen gut vernetzten männlichen Wegbegleiter, um die rote Kordel zu zerschneiden. Frauen wollen niemandem etwas wegnehmen, sie wollen einfach teilhaben an der schönsten Nebensache der Welt. Fußball. Frauen stellen bekanntermaßen in jedem Land die Hälfte der Gesellschaft. Der Fußball ist oftmals Brennglas und Spiegelbild dieser Gesellschaften, weil der breite Querschnitt genau dort auf dem Platz oder in der Kabine zusammenkommt. Damit geht eine besondere Verantwortung einher.

Ich verstehe ohnehin nicht, wieso diese zehn Buchstaben, F-E-M-I-N-I-S-M-U-S, so vielen Menschen (Männern) so viel Angst macht. Feminismus ist für mich keine Ideologie. Er ist ein Auftrag. Ich erwarte von jedem Mann, der mit derart vielen Privilegien aufgewachsen ist, dass er mit seinem Selbstverständnis und seiner durch sein Geschlecht begünstigten Stellung dazu beiträgt, dass der Fußball und am besten jeder gesellschaftliche Bereich allen offensteht.

Besonders der Fußball kann Dinge vorantreiben, die vielleicht anderswo viel länger bräuchten, um sich zu entwickeln.

Und während ich diese Zeilen schreibe, werde ich wahnsinnig emotional, weil auch das der Fußball kann: Zugang zu den Emotionen freisetzen. Der Fußball verbindet uns miteinander, egal ob Mann, Frau, non-binär, Schwarz oder weiß, weil er in uns allen Gefühle freisetzt, die sonst oft verborgen bleiben. Er macht uns weich und nahbar, und auch wenn wir sonst vielleicht ganz unterschiedlich fühlen, im Fußball fühlen wir oft gleich. Das ist sein Super-Pilz. Seine Superkraft. Bei all dem, was ich im zehnten Stock auf den Sportschau-Fluren lernen würde – und es sollte einiges sein –, war das sicherlich die wichtigste Erkenntnis.

Das regenbogenfarbene Einhorn kann im Kölner Zoo vielleicht nicht gemeinsam im Gehege mit der Elefantenherde leben, aber es kann zusammen mit der Elefantenherde auf einem Fußballplatz stehen.

EIN KÖLSCHES KÖNIGREICH

Die Liebe zum Sport und die Liebe zum Fußball speziell war der unsichtbare Faden, der uns im zehnten Stock alle miteinander verband. Im alltäglichen Kleinklein war dieser Faden an der ein oder anderen Stelle aber nur noch ein seidener. Wir waren die Studenten, und wir waren die Dienstleister für Redakteure, Autoren und Sendungsleiter. Wir waren in der Nahrungskette also sehr weit unten, und das ließ man uns auch spüren. Es war nicht unüblich, dass die Redakteure uns ohne ein »Hallo«, »Danke« oder »Bitte« einen Rechercheauftrag vor die Nase pfefferten. »Alte Schule«, hieß es meist als Begründung. Dass man eine derartige Unfreundlichkeit im Nachgang als »Charakterstärke« und mit einem nostalgischen »So war das schon immer hier« adelte, gehörte zum guten Ton. Es machte den Eindruck, als würden sich bei allen gegenseitiger Respekt und gängige gesellschaftliche Umgangsformen in Luft auflösen, sobald sie das erste Mal ihren Namen im Fernsehen hörten. Der Boden im zehnten Stock war trotz Teppich also nicht sonderlich rutschfest. Man(n) verlor leicht die Bodenhaftung. Zumindest außerhalb des Archivbüros.

Innerhalb war es anders. Unprätentiös, familiär, zurückhaltend, warm. Es herrschte eine gewisse Wagenburgmentalität. Wir gegen alle anderen. Holger war der Chef, und wir

Werkstudenten waren so etwas wie Holgers Jünger, die er wie eine Bärenmutter beschützte. Neben Holger saßen noch Bernd und Matthias mit uns im Büro. Bernd war ein liebevoller, freundlicher, immer gestresster Familienvater, der jeden Morgen bei Wind und Wetter mit dem Fahrrad zur Arbeit fuhr. Wenn er morgens das Büro betrat, hatte er immer den verrückt-verzweifelten Ausdruck von Dr. Emmett Brown aus *Zurück in die Zukunft* im Gesicht. Nur die weißen Haare fehlten. Zerzaust waren sie schon. Matthias wirkte da wesentlich seriöser. Vielleicht war er sogar etwas verbissen. Er war aber auch deutlich jünger als Bernd und Holger. Während bei den beiden schon eine bestimmte Postvierziger-Gelassenheit eingesetzt hatte, war Matthias mit seinen Anfang dreißig noch voller Tatendrang und Ehrgeiz. Wir waren alle unterschiedlich, aber wir waren eine Einheit. Das A im Archivbüro stand für A-Team.

Unser Archivbüro lag direkt neben dem des Sportchefs. Wenn einer meiner Kollegen völlig aufgedreht, hibbelig, leicht schwitzig und nervös wieder auf seinen Platz zurückkehrte, weil sie *der Sportchef* auf dem Flur vor der Tür gegrüßt hatte, verdrehte ich die Augen. Es fehlte nur noch, dass sie sich ehrfürchtig vor ihm verbeugten. Diese devote Haltung ging mir ziemlich auf die Nerven. Schon in der Schulzeit empfand ich starre Hierarchien als unangenehm und sinnlos. Demut und Unterwürfigkeit waren mir immer sehr fremd. Vor allem dann, wenn Leute sie ausnutzten. In der architektonischen Tristesse gab es jedenfalls eine klare pyramidenförmige Rangordnung, es wäre ein Leichtes gewesen, auf dieser Grundlage ein Kölsches Königreich auszurufen. »Never complain, never explain« war auch hier die goldene Regel. Neben dem Sportchef als König gab es den stellvertretenden Sportchef als Prinzen, die Sendungsleiter als Herzöge, die CVDs (Chefs vom Dienst) als Fürsten, die Redakteure als Grafen und Barone, die Autoren als Freiherren, und es gab uns. Die Unfreien. Das einfache Volk. Wir waren manchmal Leibeigene, manchmal Hofnarren. Fürstlich entlohnt wurden wir nie.

Anstatt mich aber über das Königreich zu ärgern, ließ ich die entsprechenden Barone, Grafen und Fürsten einfach mein Desinteresse gegenüber ihrer scheinbar exponierteren Stellung spüren. Sie beeindruckten mich damit nicht. Révolution im Königreich. Liberté, Égalité, Fraternité!

Diese Gleichgültigkeit meinerseits kam an. Um »willst du gelten, mach dich selten« ging es mir dabei nicht. Ich war sicht- und fühlbar für alle das Landeskind eines anderen Herrschaftsgebietes, vielleicht sogar einer feindlich gesinnten Welt. Ich wusste ja schon nach meinen ersten Wochen, dass ich eigentlich gar nicht ins Kölsche Königreich passte, und hatte somit wenig zu verlieren. Das gab mir Leichtigkeit, mit der Leichtigkeit stieg mein Selbstvertrauen und mit dem Selbstvertrauen meine Sichtbarkeit.

Im Staat Sportschau heißt es nach zwei Jahren als Werkstudent in der Regel: Gehab dich wohl! Dadurch, dass der Westdeutsche Rundfunk als öffentlich-rechtlicher Sender von Steuergeldern finanziert wird (wie in Monarchien eben üblich), ist man verpflichtet, einen sogenannten »Ausbildungsgedanken« zu verfolgen. Nach zwei Jahren sollen also die wenigen Studentenstühle für neue Studenten freigegeben werden. Und wer im Geschichtsunterricht ein bisschen aufgepasst hat, der weiß, dass die Macht in der Staatsform Monarchie allein beim Monarchen liegt. Dem König. In unserem Fall also beim Sportchef. Er bestimmt über die Gesetze. Er vergibt wichtige Ämter. Der Monarch bestimmt über alles, was im Staat passiert.

Nach zwei Jahren des Kassetten-Tragens, Dokumentierens, Recherchierens und Zuarbeitens stellte sich nun für mich die alles entscheidende Frage: Verbannte der Monarch mich aus dem Königreich, oder ließ er mich ein neues Amt bekleiden? Die begehrtesten Posten waren nach der Werkstudententätigkeit im Archiv die der freien Mitarbeit als sogenannte MAZ-Redakteure für die Sportschau. In dieser Position verdienst du wesentlich mehr Geld und machst wirklich so etwas wie Sportfernsehen. Mit »MAZ« bezeichnen Fernsehleute umgangssprachlich die vorab gedrehten und geschnittenen Filmbeiträge für Sendungen. Als MAZ-Redakteur schneidet und gestaltet man gemeinsam mit dem Kommentator also die Beiträge, die du samstags oder sonntags in der Sportschau siehst.

Das klang in jedem Fall mehr nach echtem Fernsehjournalismus als stundenlang am Computer zu sitzen und Videomaterial zu sichten. Dementsprechend beliebt und rar gesät waren die MAZ-Redakteursstellen im Königreich. Wir waren sechs Studenten (vier Männer, zwei Frauen), und es gab nur zwei freie MAZ-Redakteursstellen zu besetzen. Der Sportschau-Monarch beriet sich mit Holger, um die finale Entscheidung über Ausschluss oder Aufstieg zu treffen.

Und jetzt stellt euch an dieser Stelle bitte gern Fanfarengebläse vor: »Wir verkünden feierlich, dass Lena, geborene Cassel, die Erste ihres Namens und Geschlechtes, mit sofortiger Wirkung des Beitragmachens als freie Mitarbeiterin der MAZ-Redaktion im Königreich Sportschau vereidigt wird.«

Mon Dieu, révolution! Damit war ich die erste MAZ-Redakteurin bei der Sportschau. Jemals. Vorher haben diese Position ausschließlich männliche Kollegen bekommen, es standen aber auch selten Frauen zur Wahl. Jetzt hatte es zumindest zwei zur Auswahl gegeben, eine davon war ich, und ich wurde ausgewählt. Um im königlichen Jargon zu bleiben: Die Beförderung glich einem Ritterschlag!

Die Erste von etwas zu sein, passiert einem nicht so oft im Leben. Ich habe meinen Fußabdruck also irgendwo im zehnten Stock auf dem vermeintlich schon trockenen Beton der Sportschau hinterlassen. Ich bin unendlich dankbar, dass mir diese Chance gegeben wurde. Es braucht neben allen Qualifikationen als Frau im Sport manchmal auch einen Holger, der einem die fest verknotete Kordel ein wenig lockert oder den scheinbar festen Boden wieder ein bisschen aufweicht. Die eigentlichen Schnitte und Schritte muss aber jede und jeder selbst machen.

Ich hoffe, meinen Spuren sind bis heute viele MAZ-Redakteurinnen gefolgt, sodass es inzwischen schon einen echten Pfad gibt, den all die anderen Frauen im Königreich verfolgen können.

Gehabt euch wohl, ihr Grafen, Barone und Freiherren, lang lebe die révolution!

STADIONLUFT, *STERN TV* UND SCHLAFLOSIGKEIT

Mit 23 Jahren war ich also plötzlich MAZ-Redakteurin. So nah am Fernsehmachen wie nie zuvor. Meine Wochenenden fanden nun überwiegend in Schnitträumen, Übertragungswagen und auf zahlreichen Pressetribünen in den Stadien der Bundesliga statt. »Ah, und du bist die Praktikantin?«, fragten mich schnauzbärtige Männer mit über die Gürtelschnalle quellenden Bellys (sexy). Eine Frage, die ich in meiner beruflichen Laufbahn noch das ein oder andere Mal hören sollte. »Ah, und du bist die Frau für das Make-up?« war das Äquivalent zur Praktikantinnen-Frage.

Stand ich ohne männliche Begleitung in der Nähe des Spielfeldes, wurde ich immer und überall gefragt, was denn genau meine Funktion sei. Meine Akkreditierung wurde häufiger kontrolliert als die meiner Kollegen. Alltag in der Männerwelt Fußball. Schon früh merkte ich, dass für Menschen mit Busen andere Regeln galten als für Menschen mit herausblitzenden Bellys und Schnauzbärten. Oft wollte ich mir am liebsten selbst einfach einen Bart aufkleben. Er hätte vieles, wenn nicht sogar alles, in meinem Leben deutlich vereinfacht.

In meinen neuen Alltag versuchte ich auch noch, meine eigenen Fußballspiele zu quetschen. Unsere Ligaspiele bei Fortuna Köln waren meistens sonntags. 15 Uhr, Regionalliga West. Nicht selten konnte ich nur eine Halbzeit spielen, ehe ich dann ungeduscht im Schnittraum auf dem Campus der Sportschau auftauchte. Das ärgerte natürlich nicht nur den jeweiligen Cutter oder Kommentator, sondern auch meinen Trainer. Der verlor nämlich durch meine berufsbedingte Auswechslung immer schon einen Wechsel des Kontingents, und so ließ er mich trotz guter Trainingsleistungen das ein oder andere Mal direkt auf der Bank. Ich saß, vom Ehrgeiz zerfressen, also regelmäßig auf der Auswechselbank und ärgerte mich, dass ich mit dem Fußballspielen kein Geld verdiente. Die Zeit, die ich dafür investierte (drei- bis viermal die Woche Training plus das Spiel am Wochenende), hätte zumindest eine kleine Aufwandsentschädigung gerechtfertigt. Immerhin spielten wir in der dritthöchsten Liga in Deutschland. Aber wir waren eben Frauen, und wo nichts eingenommen wird, kann auch nichts ausgegeben werden. So hieß es zumindest immer. Ich sag mal so: Wo ein Wille, da ein Weg. Nur der Wille war halt begrenzt.

Ich musste mich also irgendwann entscheiden. Berufliche oder sportliche Karriere? Beides schien nicht miteinander vereinbar. Da ich für meinen Lebensunterhalt selbst verantwortlich war, war die Entscheidung schnell getroffen. Geschossene Tore, gelungene Kopfbälle, perfekte Steckpässe, gut getimte Grätschen: All das bezahlte mir nicht meine Miete. Es war eine brotlose Kunst. Ich hängte den Traum von der Profikarriere an den Nagel. Auch weil es vom Talent (so ehrlich muss ich dann leider auch sein) maximal für die zweite und nicht für die Erste Bundesliga gereicht hätte (autsch). Das große Geld gibt es für Frauen, wenn überhaupt, nur in der Ersten Liga, und selbst da ist es nicht selbstverständlich.

Ich ging nach wie vor dreimal die Woche zum Training, bekam ab und zu auch eine Halbzeit von meinem Trainer geschenkt und reiste (wenn ich konnte) auch mit zu den Auswärtsspielen, aber die Prioritäten lagen ab sofort woanders. Nicht nur, weil meine berufliche Karriere Fahrt aufgenommen hatte, sondern auch, weil eine Frau aus Berlin in mein Leben getreten war, die mich die folgenden sechs Jahre begleiten sollte. Aber zur Liebe erst später mehr.

Unter der Woche studierte ich (Sozial- und Medienwissenschaften). Bachelor in Siegen, dann Master in Bonn. Die Wochenenden waren mit Fußballspielen, der Sportschau-Arbeit und meiner Fernbeziehung prall gefüllt.

Wenn ich jetzt, Jahre später, auf diese Zeit zurückblicke, kommt mir sofort das Cover von *Catch Me If You Can* in den Kopf. Leonardo DiCaprio, mit Tasche in der Hand als Kapitän verkleidet, vorneweg, Tom Hanks als FBI-Agent mit Hut und Krawatte ihm hinterher. Darunter zwei Pfeile, die in unterschiedliche Richtungen zeigen. Ich war Leo, und mein Leben in meinen frühen Zwanzigern glich einem Leben auf der Flucht. Ich wollte alles gleichzeitig und war ständig unterwegs. Statt Flughäfen und Hotelzimmern mit Frauen wie in *Catch Me If You Can* gab es bei mir Fußballplätze, Hörsäle, Schnitträume, Zugwaggons und die Wohnung meiner Freundin in der großen Stadt. Auf drei Hochzeiten gleichzeitig zu tanzen, kann nach einer gewissen Dauer zu unangenehmen Krämpfen in den Beinen führen, und die kamen irgendwann auch bei mir.

Das Geld, das ich bei der Sportschau verdiente, reichte, um irgendwie meine Fixkosten zu decken, es reichte aber nicht, um ein gutes Leben zu führen. Ich beschloss also, mir einen zweiten Job zu suchen, den ich unter der Woche neben dem Studium machen konnte. Nach ein paar Stunden Onlinerecherche stieß ich auf folgendes Inserat: Werkstudent/-in für die Digital-Abteilung bei der i&u TV-Produktionsfirma gesucht. Ich konnte mir darunter zwar nicht wirklich etwas vorstellen, aber die Bezahlung war ein bisschen mehr als der Mindestlohn, und da es sich um eine Werkstudententätigkeit handelte, konnte ich bis zu zwanzig Stunden die Woche sogar unversteuert dort arbeiten. Nach eigener Recherche betreute die Produktionsfirma TV-Formate wie *Klein gegen Groß; Menschen, Bilder, Emotionen – der Jahresrückblick mit Günther Jauch* und *stern TV*. Es war zwar Unterhaltungsfernsehen und hatte nichts mit Sport oder Fußball zu tun, aber es klang interessant genug, um mich zu bewerben. Nach einem Vorstellungsgespräch samt Test (prominente Persönlichkeiten anhand von Bildern benennen, das kannte ich ja schon von der Sportschau) und einem Probearbeitstag (auch das war bekannt), hatte ich den Job.

Das Aufgabenfeld war vielseitig. Mal gab es Drehmaterial zu sichten, um die jeweiligen Autoren oder Autorinnen von *stern TV* zu unterstützen. Mal sollte man sich andere Quiz- oder Spielshows anschauen, um Inspiration für *Klein gegen Groß* zu sammeln. Mal sollte man aber auch verschiedene Zeitungen lesen, um kuriose oder wichtige Meldungen für den *Jahresrückblick mit Günther Jauch* zu sammeln. Es machte Spaß, bot ein Kontrastprogramm zur Sportschau und so bunt wie das Aufgabenfeld waren auch meine Kollegen. Wir alle hatten einen ähnlichen Betriebsmodus. Laut und herzlich. Das merkte ich sofort. Nach meinen beruflichen Anfängen bei Rewe an der Kasse, dem Briefverteilzentrum der Deutschen Post und der Sportschau war das für mich eine völlig neue Erfahrung. Hier war ich kein Einhorn, hier waren wir alle Einhörner. Es waren die besten Kollegen, die ich bis dahin hatte. Noch heute bin ich mit einigen eng befreundet (I'm looking at you Sanjo, Julius und Iggy). Und ich glaube, gerade, weil ich mich so wohl fühlte, machte ich gute Arbeit. Und die fiel auf.

Nach etwa einem Jahr wurde ich in das Büro unseres Abteilungsleiters bestellt. Ihm sei zu Ohren gekommen, dass man ziemlich zufrieden mit mir sei und ich ja auch schon TV-Erfahrung bei der Sportschau gesammelt hätte. Sie würden aktuell eine neue Außenreporterin bei *stern TV* suchen und hätten da an mich gedacht. Ich könnte das freiberuflich und zusätzlich zu meiner Werkstudententätigkeit machen, falls ich Lust dazu hätte. Man könnte es ja einfach mal ausprobieren.

Das war leider noch die Zeit, in der ich nicht wusste, wie man Angebote mit einem netten Lächeln dankend ablehnt. Es war die Zeit, in der ich die Sorge hatte, dass, wenn ich nein zu etwas sage, mir das Karma es zurückzahlen würde. Ich sagte also ja. Ohne lange darüber nachzudenken.

Neben der Arbeit bei der Sportschau am Wochenende und der Werkstudententätigkeit unter der Woche stand ich ab sofort also auch mehrmals im Monat vor einer TV-Kamera. Und das ohne jede Vorerfahrung. Die Außenreporter und Außenreporterinnen bei *stern TV* haben die Aufgabe, Verbraucherthemen, Trends oder sonstige *lustige und relevante* gesellschaftliche Themen reportageartig und anhand von Interviews aufzubereiten. Es gab zum Beispiel die feste Rubrik des »Haustürklingelns«. Du als Reporterin klingelst also an beliebigen Haustüren in einer wohlhabenderen Wohngegend und konfrontierst die Leute direkt an der Türschwelle mit einem bestimmten Thema. Das Ziel? Dass die

Leute dich samt Kamerateam ins Haus lassen und du so »ganz nah am Puls der Zeit« sein kannst und damit »ganz nah am Verbraucher«.

Jap, es war genauso unangenehm, wie es sich anhört. Köln-Hürth, Leverkusen-Opladen, Düsseldorf-Benrath. Ich kannte bald jeden halbwegs gut gedüngten rheinischen Vorort, in dem die Einfamilienhäuser fein säuberlich aufgereiht nebeneinanderstehen. Und so verbrachte ich meine Freitagnachmittage regelmäßig mit einem leicht adipösen, mittelmäßigen Koch an meiner Seite, der die Menschen nach ihren Butteralternativen im Kühlschrank befragte, während ich mit klimpernden Äuglein darum bettelte, »ob wir denn nicht mal einen ganz kleinen Blick in den Kühlschrank werfen könnten, geht auch wirklich ganz schnell«. Wenn es nicht der übergewichtige Koch war, begleitete mich entweder eine Maskenbildnerin, die den »Hausfrauen« einen unverbesserlichen neuen und besonders »freshen« Look verpassen sollte, oder Trash-Queen Olivia Jones, die mit mir während des *Dschungelcamps* in den Kellern der deutschen Bevölkerung auf »Tierjagd« ging.

Ich wollte mich nach jedem einzelnen Dreh direkt aus Scham in der Erde vergraben oder alternativ ins Zeugenschutzprogramm aufgenommen werden, um fortan unter falscher Identität ein Leben in Papua-Neuguinea zu führen, wo ich in einem kleinen Ecklokal in Port Moresby bis an mein Lebensende das Nationalgericht Mumu (ja, das heißt wirklich so) serviere. Alles wäre besser gewesen als das.

Im Rückblick wirkt das alles wie ein in Ibuprofen getränkter Fiebertraum. Vermutlich war es das auch. Aber zu meinem Leidwesen haben es mehrere TV-Kameras festgehalten, um es dann in die Wohnzimmer der Republik zu senden. Ich vermisste plötzlich sogar die fettigen Brathähnchen an der Rewe-Kasse Jahre zuvor, die ich zwar missmutig, aber immerhin ohne Scham und ohne TV-Kameras über das Kassenband gezogen hatte.

Als wären Olivia Jones, der adipöse Koch und Durchschnittsdeutschland aber nicht schon genug gewesen, konnte es sogar noch schlimmer werden.

Wenn es nämlich mal nicht zu den Haustüren ging, standen »normale« Außendrehs an. Und da, liebe Freunde, waren dem kreativen Geist keinerlei Grenzen gesetzt. Und wenn ich hier grenzenlos sage, dann meine ich wirklich grenzenlos. Ich trainierte nicht nur gemeinsam mit Kulttrainer und Schalke-Legende Peter Neururer die schlechtesten Fußballer Deutschlands (das Video gibt's auf YouTube), nein, ich besuchte in der Kleinstadt Groitzsch auch Dschungelkönig Marc Terenzi, der nach seiner Drogensucht wieder glücklich liiert in einer Fünfzig-Quadratmeter-Dachgeschosswohnung in Ostdeutschland lebte, und zwar mit einer Frau, die er Monate zuvor in einem Stripclub kennengelernt hatte. *Willkommen zu Hause. Mein RTL.*

Mein großer TV-Moment sollte aber erst noch kommen. Diesmal ging es um das Thema Zahnpflege bei Tieren (wen zur Hölle interessiert das?!). Drehort war der Zoo in Duisburg (auch das noch), und Drehbeginn war morgens früh um 8 Uhr. Auf der Fahrt zum Zoo übergab sich meine Redakteurin bereits mehrfach im Auto. Ihr Magen drückte also das aus, was ich ohnehin fühlte. Alles zum Kotzen. Wir starteten mit einem Interview mit dem Löwenpfleger, der mir erklärte, dass sich Raubtiere durch das Abnagen von Knochen die Zähne reinigen (ja, ach?). Wir machten weiter bei den Giraffen, Stachelschweinen und Elefanten und landeten dann zum Grande Finale bei Ernie, dem Prunkstück des Duisburger Zoos. Ein fünfzig Jahre altes Nilpferd. Tja, und dann wurde in meinen Augen Fernsehgeschichte geschrieben. Die Redakteurin hatte nämlich die launige Idee, dass ich dem Nilpferd doch die Zähne putzen könnte. Ich. Soll. Bitte. Was?

Na klar, gerne putze ich dem zweitgefährlichsten Tier der Welt, das gerne gewaltsam mit seinem drei Tonnen schweren Körper sein Revier verteidigt, die Zähne (im Schnitt sterben fünfhundert Menschen jährlich durch Nilpferdattacken). An dieser Stelle möchte ich erwähnen, dass ich für diesen Drehtag eine Vergütung von zweihundertfünfzig Euro bekommen habe. Zweihundertfünfzig Euro. Abzüglich Steuern. Ich putzte also für zweihundertfünfzig Euro abzüglich Steuern einem übergewichtigen, mies riechenden Nilpferd namens Ernie mit einer übergroßen roten Zahnbürste und unter Todesangst (aber stets lächelnd, because of the camera, you know) die Zähne. Ich war angekommen im TV-Olymp. Ich warte bis heute noch auf meine Grimme-Preis-Auszeichnung für dieses Stück Fernsehgold (Name und Adresse sind mittlerweile bekannt).

Ernie war mein letzter Dreh für *stern TV*. Das wusste ich aber erst ein paar Wochen später. Inmitten dieser nicht enden wollenden Shitshowspirale fragte mich nämlich ein Sportschau-Kollege, ob ich nicht Lust und Zeit hätte, bei der DFL (Deutsche Fußball Liga) als freiberufliche Autorin anzufangen und YouTube-Videos über die Fußball-Bundesliga zu machen. Geschädigt von den Eindrücken aus dem Unterhaltungsfernsehen, sagte ich sofort zu. Ich wollte zum einen noch mehr Geld verdienen, die DFL zahlte mehr als das Dreifache an Gehalt pro Einsatz, und ich wollte endlich wieder mehr Fußball und weniger Ernie in meinem Leben haben.

Ich hatte also ab sofort nicht mehr drei, sondern vier Jobs, ein Studium, eine halbwegs ambitionierte Fußballkarriere und eine Fernbeziehung. Und plötzlich konnte ich nicht mehr schlafen. Um genau zu sein, nicht mehr einschlafen. Erst tagelang, dann wochenlang. Jeden Abend dasselbe. Baldrian, Schlafsterne, lesen, Tee trinken, wieder Baldrian, keine Screentime vor dem Ins-Bett-Gehen, langweilige Podcasts zum Einschlafen, vielleicht mal Bachblüten? Spazieren gehen, meditieren. Ich probierte alles aus. Aber es blieb dabei: Sobald ich mich ins Bett legte, kreisten meine Gedanken, mein Herz raste, und während alles um mich herum leiser wurde, wurde es in mir immer lauter. Zu laut, um einzuschlafen. Ein Piepen im Ohr kam auch noch dazu. Die Lichter in meiner Straße gingen nach und nach aus, während bei mir pünktlich zur Schlafenszeit das Licht anging.

In diesen schlaflosen Nächten, während alle anderen selig zur Ruhe kamen, fühlte ich mich so einsam wie nie. Ich war allein auf dem Platz und verlor jeden Abend das gleiche Spiel. Mein Gegner ein Team aus Ängsten, Druck, Rastlosigkeit und Überforderung. Ein Mismatch auf jeder einzelnen Position. Insomnia 1, Lena 0. Selten waren die Nächte so belastend wie damals. Ich schleppte mich durch die Tage. Programmiert auf Autopilot. Mein Pensum blieb das gleiche, nur ich war plötzlich anders. Nebel im Kopf, Einbahnstraße in der Brust. Ein von Dementoren geküsster Körper, dem die Seele aus dem Leib gesaugt worden war. Körperlich war ich da, aber ich empfand nichts mehr. Ich taumelte, aber ich fiel nicht. Also machte ich weiter.

Als aus Wochen Monate wurden und ich meine erste Panikattacke bekam, sah ich ein, dass sich etwas ändern musste. Ich ging zum Arzt. Es seien erste Anzeichen für ein Burn-out zu erkennen, und ich solle mir lieber eine Auszeit nehmen, sagte mir der in einen weißen Kittel gehüllte, besorgte Mann. Burn-out. Ist das nicht eher etwas für das Ende und nicht für den Anfang einer Karriere? Ich war doch gerade mal 25 Jahre alt.

Doch dieses Vierteljahrhundert Leben hatte mich bereits auf unterschiedlichste Weise gefordert, teils überfordert. Emotional, mental und körperlich. Mein Körper hatte mir schon als Kind signalisiert, wenn etwas nicht stimmte. Er war mein Seismograf und nahm Erschütterungen bereits wahr, bevor ich diese bewusst realisierte. Ich wollte immer mehr, sagte zu allem ja statt nein, probierte den süßen Saft der Anerkennung und wurde süchtig danach. Der Beifall war mein Beruhigungsmittel. Der Ruhm mein Rausch. Mit ein paar Jahren Abstand kann ich sagen, dass ich unterbewusst dafür gesorgt habe, dass es um mich herum immer laut und nie still war. Weil ich Stille nicht aushalten konnte. Denn immer, wenn es um mich herum still war, wurde es in mir laut.

So auch in den Nächten, in denen ich nicht mehr schlief. Die Dunkelheit war wie ein Negativ des Tages. Alle Emotionen und Empfindungen waren umgekehrt. Während ich tagsüber stark und furchtlos auftrat, fühlte ich mich nachts ängstlich und verletzlich. Das 1,40-mal-2,00-Meter-Bett wurde zur Spielfläche meiner Traumata. Ein Drama in fünf Akten und ich befand mich im sogenannten retardierenden Moment. Akt Nummer vier. Die Handlung verlangsamt sich, um durch Verzögerung die Anspannung vor der bevorstehenden Katastrophe zu steigern. Als ich anfing, Schlaftabletten zu nehmen, um am nächsten Tag zu funktionieren, war die Katastrophe plötzlich da. Ich suchte Ausreden, um bei der Arbeit abzusagen. Mal schob ich eine Krankheit, mal Regelschmerzen und mal einen wichtigen Arzttermin vor.

Zu meiner totalen Erschöpfung gesellte sich jetzt auch noch ein Schuldgefühl. Das schlechte Gewissen zerfraß mich. Während alle um mich herum ihrem Alltag nachgingen, verbrachte ich Tage in meiner Wohnung, ohne das Haus zu verlassen. Irgendeinen Vorwand fand ich immer. Nicht schlafen zu können ist das eine, nicht mehr alltagstauglich zu sein das andere. Ich befand mich im freien Fall und eines Morgens kam der Aufprall.

Ich sah mich nach einer wieder mal schlaflosen Nacht im Spiegel an und betrachtete meine immer dunkler werdenden Augenringe. So tief, dass man sich in sie hätte reinlegen können. Seit ein paar Wochen hatte ich neben der Schlaflosigkeit auch immer öfter ein flaues Gefühl im Magen. Die Schuld und das Gefühl, jetzt auch noch lügen zu müssen, verdarben mir den Appetit. Das Äußere hatte sich bis in die Magengrube durchgearbeitet. Also schlief *und* aß ich jetzt kaum noch. Akt Nummer fünf. Bertolt Brecht wäre stolz auf mich gewesen.

Zur Katastrophe gehört im klassischen Drama auch immer eine Lösung. Manchmal birgt der Schlussakt auch eine Moral oder Lektion. Meine sah wie folgt aus: Nach diesem Morgen, als ich ausgemergelt vor dem Spiegel stand, aktivierte ich den Überlebensmodus. Ich kündigte von heute auf morgen alle vier Jobs, löste meinen Mietvertrag auf und gab meine Trainingskleidung beim SC Fortuna Köln ab.

Ich zog den roten Bühnenvorhang zu. Ich hatte genug gesehen. Ich war an der finalen Kreuzung angekommen. Vollgas weiter geradeaus, obwohl ich vor einem sehr deutlichen Stoppschild stand? Oder doch lieber vorher abbiegen, ohne zu wissen, wohin diese Straße mich führen wird?

Ich entschied mich für das Abbiegen. Ich zog mit einer

Umzugskiste und drei Ikea-Tüten unter dem Arm zu meiner Freundin nach Berlin und traf damit eine lebensverändernde Entscheidung, die sich im Nachhinein als goldrichtig erweisen würde. Ein Happy End also?

BURN-OUT & BORE-OUT

So einfach war es nicht. 2019. Ein Jahr, das vieles veränderte. Nachdem ich in meiner Heimatstadt Köln alles aufgegeben hatte, verabschiedete ich mich nicht nur von einer mir vertrauten Umgebung, sondern auch von meinem alten Selbst. Ein Selbst, das mir mittlerweile fremd geworden war, weil es sich auf der jahrelangen Flucht verloren hatte. Vor mir lag keine aussichtsreiche Zukunft, vor mir lag das weite Nichts. Und wie uns *Die unendliche Geschichte* von Michael Ende schon lehrte, zerstört das Nichts unsere Welt. Eine Welt ohne Fantasien und Träume ist leer. Ich war leer. Lag brach wie ein trockenes Feld, war kahl wie die Bäume im Winter, trostlos wie ein verwaister Spielplatz.

Ich wollte Fuchur der Glücksdrache sein, der voller Tatendrang fest daran glaubte, dass, wenn man nicht aufgibt, einem das Glück treu bleibt. Ich war aber nicht Fuchur, sondern eher die uralte Schildkröte Morla, die sich langsam und hoffnungslos ihrem Schicksal ergibt. Nur den dicken Panzer hatte ich nicht mehr. Früher war alles viel schwerer gewesen, und trotzdem hatte ich mich damals leichter gefühlt. Doch der Rucksack, den ich trug, hatte sich mittlerweile gefüllt. War es vor dem Tod meines Vaters (von dem ich euch später noch erzählen werde), vor den zahlreichen Umzügen, vor der anstrengenden Pubertät, vor dem ersten Liebeskummer, vor all den beruflichen Herausforderungen vielleicht eine kleine Brusttasche gewesen, die ich wie ein Kind am ersten Schultag um den Hals getragen hatte, schleppte ich mittlerweile einen überladenen Trekkingrucksack mit separatem Bodenfach mit mir rum. Gut für eine dreiwöchige Wanderung, schlecht für den Alltag.

Mit krummem Rücken bewegte ich mich durch die mir noch unbekannte Hauptstadt. Laut, unnahbar, dreckig. Unsicherheit und Anonymität lagen in der Luft. Ich kannte in dieser Drei-Komma-vier-Millionenstadt niemanden. Nur meine Freundin. Es kannte aber ja auch niemand mich, also konnte ich ab sofort auch jemand anderes sein. Nur wer? Ich empfand diese Frage als Luxusproblem. Wer will ich sein? Das ist eine Frage für gute Zeiten, in denen einem alle Möglichkeiten offenstehen. Viele verschiedene Türen und man muss sich bloß für die eine entscheiden, durch die man hindurchgeht. Bei mir gab es, wenn überhaupt, eine Tür. Vielleicht sogar auch nur ein kleines Garten*türchen*. Ich wollte lediglich wieder unbekümmert sein und schlafen können. So wie vorher eben. Es war nicht die Frage nach dem *Wer*, es war die Frage nach dem *Wie*. Wie kann ich wieder frei und leicht sein?

Mein Leben fand seit Monaten hinter einem Sepiafilter statt. Die Farbgebung war braun bis grauschwarz. Das Loch, in dem ich saß, wurde immer tiefer. Weit und breit keine Leiter in Sicht, um wieder herausklettern zu können. Ich ging immer weniger vor die Tür. Verzichtete auf jede sportliche Aktivität, weil ich mangels Schlaf zu erschöpft war. Und während meine Freundin morgens zur Arbeit aufbrach, blieb ich den ganzen Tag im Bett liegen, in der Hoffnung, doch noch irgendwann einzuschlafen, was natürlich selten bis nie geschah. Oft dachte ich in diesen Momenten an meine

Grundschulzeit zurück, in der ich mir, im Gras liegend, schmalzige Gedichte ausgedacht hatte, die in meinem siebenjährigen Kopf sehr tiefgründig und weise klangen. Hier eine kleine Kostprobe.

Den Herbst erleben.

Durch den Wald laufen.
Nichts sehen außer dickem Nebel.
Nichts fühlen außer feuchtem Wind.
Nichts hören außer Laub und knackenden Nüssen.
Nichts riechen außer verfaulten Pilzen.
Zwischen zwei Sonnenstrahlen wissen: Es ist
Herbst.

Ich spielte Tiefgang wie eine Runde Halli-Galli. Leichtfertig, unwissend und verführt von der infantilen Vorstellung, wie sich wohl dieses Erwachsensein anfühlen würde. Ein gewaltsamer Akt gegen die hohe Kunst der Poesie. Mit sieben Jahren spielte ich in meinem gedanklichen Kasperltheater ein peinliches Stück über Grübelei und Schwermut. Zwanzig Jahre später war aus der vagen Annahme Realität geworden.

Der Schwermut, die Grübelei, sie lagen bleiern auf meiner Brust und verwehrten es mir aufzustehen. Erst Tage, dann Wochen, dann Monate. Ich beschloss, mir Hilfe zu holen. Ich brauchte endlich diese gottverdammte Leiter, und ich fand sie. Robuste Sprossen und ein Gestell aus Metall. Eine Leiter, die im Baumarkt in der Abteilung Werkzeug und Maschinen zu finden gewesen wäre. Im Regal P. P wie Psychotherapie. Nach ein paar ersten Gesprächen, bei denen ich mich seelisch bis auf die Unterhose auszog, mit reichlich

Tempos und noch mehr Tragik, stand die Diagnose fest. Erschöpfungsdepression. Auch genannt: Burn-out. Jetzt war es also amtlich.

Nach ein paar Treffen sagte mir die Therapeutin einen Satz, den ich bis heute nicht vergessen habe: Jede Veränderung hat ihren Preis. Für alles Neue muss man etwas Altes zurücklassen. Ich wollte nicht mehr auf der Flucht sein, ich wollte ankommen. Das Getriebene, das Verbissene, das Ehrgeizige, das Nie-Zufriedene, all das hatte mich isoliert, und all das wollte ich nicht mehr. Es musste ein anderer, ein neuer Fokus her. Etwas Entschleunigendes.

Und ich wurde fündig. Die Lösung hatte karamellfarbenes Fell, vier Pfoten, zwei lange Schlappohren und war gerade acht zarte Wochen alt. Long story short: Die sich immer weiter ausdehnende Leere wurde mit einem Hundewelpen gefüllt. Der Klassiker also. Na ja, immerhin kein Baby, dachte ich. Sein Name ist Fa(r)bio, sagte uns die Züchterin, als wir den kleinen Cocker Spaniel das erste Mal auf dem Schoß hatten. Nicht Fabio. Sondern Fa(r)bio. Darauf bestand sie vehement. Weil er doch so ein *farb*intensives Fell habe. Es war das erste Mal, dass ich lauthals lachte in dieser Zeit. Wie absolut dämlich kann ein Gedanke sein? Ich erzählte natürlich trotzdem überall die Geschichte, dass Fabio selbstverständlich nach Fabio Capello (italienische Trainerlegende) benannt sei und auf den Namen Fabio Ca*bello* höre (hehe).

Ab sofort bestand mein Leben also aus Pipi und Kacka, statt Pepe und Kaká. Fabio brachte mir Struktur, zwang mich rauszugehen, verlieh mir eine bis dahin unbekannte, aber wohltuende Art von Kontrollverlust, denn so ein kleiner Welpe ist absolut unberechenbar. Er forderte mich und ich bekam meine Lebensfreude zurück. War die Psychotherapie meine Leiter gewesen, so war Fabio die oberste Sprosse.

Hunde bewirken Wunder, wenn es dir nicht gut geht. Sie sind Liebesmaschinen.

Das Jahr 2019 war einer der dunkelsten Perioden meines Lebens gewesen, und auf einmal gab es da diesen Lichtschalter. Einen mit karamellfarbenem Fell und vier Pfoten. So belanglos sich das anhört (es war doch nur ein gottverdammter Hundewelpe?), so wichtig war er für mich. Meine Welt war plötzlich wieder kontrastreich. Der Schieberegler wanderte auf der Helligkeitsskala nach rechts. Das Aufstehen machte schlagartig wieder Sinn, und waren meine Schritte die letzten Monate noch schwer wie Blei gewesen, flanierte ich jetzt wieder etwas leichtfüßiger durch die Straßen.

Das Schlafproblem blieb, aber der Schlafmangel wurde zu einer Art lästigem unsichtbaren Begleiter, der mich zwar noch verfolgte, mir aber nicht mehr den Weg versperrte.

Mit meinen neu gesammelten Kräften war ich nun auch bereit, mich einer weiteren Herausforderung zu stellen. Neben dem Schreiben meiner Masterarbeit brauchte ich nämlich einen neuen Job. Das BAföG allein reichte nicht zum Leben. Erst recht nicht in Berlin. Also suchte ich Arbeit. Am liebsten eine, die einen nicht zu sehr forderte und trotzdem genügend Geld brachte. Das klingt nach Marketing, dachte ich. Wenige Wochen und ein paar Bewerbungen später saß ich also in einem Großraumbüro in Berlin Mitte. Fortan arbeitete ich als Werkstudentin bei einer sogenannten »strategischen Kommunikationsagentur mit internationaler Ausrichtung, die für kreative Marken-Aktivierung im urbanen Umfeld steht«. *Help! I need somebody. Help! Not just anybody. Heeeeeeeelp!*

Jedes einzelne Wort in der Jobbeschreibung fühlte sich falsch und nutzlos an, aber Homeoffice-Tage (in denen ich dann an meiner Masterarbeit würde schreiben können) und eine angemessene Vergütung (deutlich mehr als der Mindestlohn) überzeugten mich. Es gab im Großraumbüro zwar keinen Kicker, dafür aber einen Steinpfad zwischen zwei Bürotischen, wo man zur »kreativen Anregung« mit den nackten Füßen drübergehen und einfach mal »die Gedanken fließen lassen« könne. Das war der dritte Satz bei meiner Einführungsrunde am ersten Arbeitstag. Mit Stolz und Anmut von einer Frau präsentiert, die an ihrer Bürotür »Office Management Assistant« stehen hatte. Die Club-Mate-Flaschen im Kühlschrank und der sogenannte »Office Dog« namens Pinsel, der als »Happy Manager« auf der Webseite vorgestellt wurde, rundeten das Bild ab. Ich war in der Marketing-KPI-USP-Agenturhölle angekommen.

Aus Chancen wurden Opportunities, aus Risiken Threats, und sogenannte »Poor Dogs« sollten aus dem Markt genommen werden. Ich fühlte mich wie damals im Mathe-Unterricht, wo ich stumm die Zahlen an mir vorbeifliegen sah und beim Satz des Pythagoras an eine neue Disney-Filmreihe dachte. Was zur Hölle machte ich hier?

Was nicht ganz zu dem hippen, sophisticated woken Berlin-Mitte-Charme passte, war mein dicker, glatzköpfiger Chef. Er bestellte mit seinen 45 Jahren jeden Tag zwei Happy Meals von McDonald's, die seine Assistentin ihm pünktlich zur Mittagszeit auf seinen Schreibtisch stellen musste. Fehlte die Mayo (oder das Spielzeug), schwoll sein Kopf vor Wut purpurrot an, und man musste befürchten, dass dieser gleich platzen würde wie ein zu prall aufgeblasener Luftballon. Nachdem er sich die zwei matschigen Buns mit dem dünnen, hochverarbeiteten Burgerpattys zwischen seine Kiemen geschoben hatte, leckte er sich seine Wiener-Wurst-Finger genussvoll und schmatzend ab. Nur das Bäuerchen hätte noch gefehlt.

So eklig er und seine Essgewohnheiten waren, so eklig benahm er sich auch im Arbeitskontext. Dass in dieser Agentur überwiegend Frauen arbeiteten (selbstverständlich alle unter ihm), machte mich sofort stutzig. Nicht nur deshalb fühlte ich mich absolut fehl am Platz. Ich wollte ihm eigentlich nicht mal ansatzweise das Gefühl geben, dass er über mir stünde.

Ich wollte nach gut einer Woche *eigentlich* auch sofort wieder kündigen, aber ich brauchte das Geld, und ich brauchte die Routine in meinem durch Schlaflosigkeit zerfledderten Leben. Also blieb ich. Mit manchen Leuten ist man entspannt, ruhig und ganz bei sich, mit anderen lustig, lebhaft und aufregend. Hier war ich nichts von beidem. Jeden Tag sagte ich mir aufs Neue, dass dieser Job hier nur eine Phase sei, die vorbeigehen würde. Aber wenn ich ehrlich bin, konnte ich mir nicht mal selbst vorstellen, wie eine Zeit nach dieser »Phase« eigentlich aussehen sollte.

Wenn mein Chef oder andere Kolleginnen mir in einem sogenannten Jour fixe erklärten, was zu tun sei und irgendwas von Corporate Design, Corporate Identity erzählten oder mit diversen anderen Begrifflichkeiten um sich schmissen, von denen ich allesamt nichts verstand, wäre ich am liebsten wie Homer Simpson in einer Hecke verschwunden und nie wieder aufgetaucht.

Man erkannte meine Hilflosigkeit zum Glück relativ schnell, und so war ich ab Woche zwei dafür zuständig, Werbetexte für die Brillen-Webseite Mister Spex zu schreiben. Immerhin ein bisschen Kreativität in dieser Trostlosigkeit und endlich keine sinnlos schicken PowerPoint-Präsentationen mehr, die über fehlenden Inhalt hinwegtäuschen sollten. Statt mit der Bundesliga beschäftigte ich mich also fortan mit Brillen. »Leichtigkeit trifft Transparenz. Die Brille

Luton der Ultralight Classic Collection von Mister Spex interpretiert den klassischen Panto-Stil zeitgerecht im transparenten Look. Aufgrund der besonders leichten Eigenschaften des Gestells ist hoher Tragekomfort garantiert.«

Diese Irrfahrt dauerte ein halbes Jahr lang. Aus meinem Burn-out wurde in der Zwischenzeit ein Bore-out. Ich hatte nie zuvor eine so sinnlose Tätigkeit verrichtet. Meine Masterarbeit hatte ich in dieser Zeit zwar fertig geschrieben, aber kreativ war ich so dermaßen vertrocknet, dass man mich als Holzanzünder für den heimischen Kamin hätte verwenden können.

Aber, und jetzt kommt das große Aber: Diese Anfangszeit in Berlin und auch die unsägliche Erfahrung in der Marketingagentur waren extrem wichtig für mich. Weil seitdem alles anders ist. Manche Dinge muss man machen, damit sich andere Türen öffnen. Negative Gefühle auszuhalten, das lernte ich in diesem Abschnitt. Dass das Leben immer in Phasen verläuft, war die zweite wichtige Erkenntnis. Alles ist immer und ständig in Bewegung. Ebbe und Flut – das Stilelement des Lebens. Es gab keinen linearen Zeitstrahl mehr, nur noch den Moment.

Doch dann sollte sich auf einen Schlag alles ändern. Nicht nur für mich, sondern für die ganze Welt. Im Januar 2020 hörte man erstmals von der ominösen und sich schnell verbreitenden Atemwegserkrankung aus China. Wenige Wochen später erklärte die Weltgesundheitsorganisation die bisherige Epidemie offiziell zu einer weltweiten Pandemie, und plötzlich stand alles still. Während viele durch die Coronapandemie geliebte Menschen oder ihren Job verloren, hatte ich großes Glück, und Covid bescherte mir ein Geschenk, mit dem ich nie gerechnet hätte. Ein blau-weißes, um genauer zu sein. Auch genannt »Die Alte Dame«. Und besser bekannt als Hertha BSC. Eine Bekannte von meiner Freundin erzählte uns von einem Jobangebot, das sie von Hertha BSC bekommen habe. Für sie sei das nichts, aber sie habe direkt an mich gedacht. Da die Fans durch die Pandemie nicht mehr ins Stadion gehen konnten, wollte der Verein sein mediales Angebot weiter ausbauen und suchte nach einer Moderatorin für die Videos auf dem vereinseigenen YouTube-Kanal. Ich sollte mich einfach mal bei denen melden und vorstellen. Und das tat ich dann auch.

So makaber das auch klingen mag, aber die Coronapandemie war für mich in dieser Hinsicht ein Glücksfall. Ohne die Pandemie und die fehlenden Fans im Stadion hätte Hertha BSC nicht die Notwendigkeit gesehen, ihr mediales Angebot weiter auszubauen, und hätte auch nicht nach einer Moderatorin gesucht, die diese Inhalte präsentiert. Alles ist immer und ständig in Bewegung. Nach einem zugeschickten Lebenslauf, zwei Vorstellungsgesprächen und ein bisschen Bedenkzeit bekam ich im Mai 2020 die Zusage für eine Festanstellung bei Hertha BSC. Und plötzlich, ganz plötzlich hieß es also wieder Bundesliga statt Brillen.

AUSTERN-CHAMPAGNER-TAGE

Die ersten zwanzig Jahre meines Lebens waren geprägt von Fußball, der ersten großen Liebe, Schule, Fehlern, einem schier nie enden wollenden Findungsprozess, Arbeit, Scheitern und vielen glücklichen Zufällen. Aber es gab noch jemanden, der einen großen Einfluss auf mich hatte. Einen Cowboy in Denim-Komplett-Outfit am Gleis acht, Abschnitt C. Robuster Baumwollstoff, breiter Gürtel samt silberner Schnalle. Boots, brauner Lederhut, die Hand in der rechten Hosentasche. Irgendwas zwischen John Wayne und Clint Eastwood. Das war mein Vater. Freitagnachmittags um halb vier gab es also ein bisschen Wild West am Kölner Hauptbahnhof. Freitags war immer Reisetag. Zumindest alle zwei Wochen im Alter von acht bis 15. Papa-Wochenende.

Wer mich tatsächlich am Gleis acht, Abschnitt C, erwartete, wusste ich nie. Mal war es der bereits beschriebene Cowboy. Mal war es der unbekannte Dritte von Siegfried und Roy. Manchmal stand aber auch Elvis lächelnd zwischen Ditsch und Le Crobag und wartete auf mich. Mein Vater mochte Überraschungen. Ich seit dieser Zeit nicht mehr.

Was auf den ersten Blick herzzerreißend klingt – ein Vater, der mit wechselnden Outfits sein Kind am Bahnhof überrascht –, war zwar tatsächlich herzzerreißend, allerdings nicht auf schöne sondern schmerzhafte Weise. Als ich noch jünger war, konnte ich den beißenden Geruch aus seinem Mund nicht richtig zuordnen. Was ich aber wusste, war: Es roch anders als bei anderen Menschen. Strenger, intensiver, süßlicher.

Je älter ich wurde, desto häufiger bemerkte ich diesen unverkennbaren Geruch in meinem Alltag. Er stieg mir plötzlich auch bei anderen Menschen in die Nase. In Restaurants, bei Geburtstagen, im Aufzug. Dieser süßlich-beißende Geruch erinnerte mich jedes Mal an ihn. Nach zahlreichen Restaurantbesuchen, Geburtstagspartys und Begegnungen in engen Aufzügen wurde es mir irgendwann klar: Dieser beißende Geruch aus seinem Mund war eine Mischung aus Mundspülung und Nordhäuser Doppelkorn. Manchmal auch Mundspülung und Pils, Mundspülung und Wein, Mundspülung und Wodka. Mundspülung und Underberg. Irgendwann konnte ich die verschiedenen Mundspülungs-Gemische meines Vaters schon aus drei Metern Entfernung unterscheiden.

Die Alkoholsorte bestimmte das Outfit. Trank er Underberg, kam er mit langem Wachsmantel und Jägerhut an den Bahnsteig. Korn sprach meistens für die Siegfried-und-Roy-Nummer. Wein für den beigen Anzug mit Lackschuhen, und bei Pils verwandelte er sich im Jeanshemd in Kevin Costner aus Open Range. Den Look mochte ich am liebsten.

Dass ich nie wusste, was mich erwartet, verunsicherte mich. Irgendwann nahm ich meinen Mut zusammen und sagte ihm, dass ich es schön fände, wenn er immer in hellblauem Hemd und dunkler Jeans am Bahnhof auf mich warten würde. Es klappte in einem von zehn Fällen. Immerhin. So gab es zumindest ab und zu einen ganz unauffälligen Vater, Typ Büroangestellter, der am Gleis acht auf seine

Tochter wartete. Ein kleiner Moment der Normalität. Wenn ich bei der Ankunft aus dem Fenster schaute und das hellblaue Hemd mit der dunkelblauen Jeans sah, freute ich mich. Das Grinsen zauberte Grübchen auf meine Wangen, und ich drückte ihn, so fest ich konnte. Eine Umarmung, die zwei Gefühle in sich trug: große Erleichterung und große Liebe.

Die Unberechenbarkeit meines Vaters machte die gemeinsame Zeit mit ihm aber auch ziemlich aufregend. Manchmal aßen wir, nachdem er mich vom Bahnhof abgeholt hatte, in der Feinkostabteilung im Kaufhof gemeinsam Austern. Als Achtjährige mit glibberigen Muscheln in der Hand fühlte ich mich plötzlich wahnsinnig wichtig. Beim Verzehr versuchte ich, besonders nobel und adrett zu wirken, nicht nur, um meinen Vater zu beeindrucken, nein, ich wollte vor allem, dass die anderen Leute unser kleines nachmittägliches Spektakel bewunderten. Ich wollte, dass sie dachten, wir würden jeden Tag massenweise diese edlen Meeresfrüchte verschlingen. Zum Frühstück, zum Mittag, zum Abendessen. Ein Leben voller Austern bedeutet ein Leben voller Vergnügen, Dekadenz, Unbekümmertheit. Wer Austern isst, hat keine Sorgen. Wer Austern isst, der hat Spaß.

Tatsächlich war es gar nicht so einfach, mit meiner kleinen achtjährigen Zunge das Muschelfleisch aus der Schale zu lösen, und das Ganze auch noch routiniert aussehen zu lassen. Das Fleisch war zu fest und ganz sicher nicht für achtjährige Kinderzungen geeignet. Hatte dieser blonde Lockenkopf also doch kein so sorgenfreies und unbekümmertes Leben, hm? Bevor mich die immer näher rückende, starrende Meute um uns herum bei meinem miesen Schauspiel ertappen konnte, zückte mein Vater ein Austernmesser. Wo er das her hatte? Keine Ahnung, vielleicht hergezaubert, immerhin war er ja Teil von Siegfried und Roy. Mit einem schelmischen Grinsen löste er gekonnt das Fleisch, tröpfelte noch etwas rosafarbene Schalottenvinaigrette (allein dieses Wort schreit ja förmlich nach Good Life!) auf die Auster und prostete mir mit seiner Muschel zu. Cheers! Dann landete das rohe, gallertartige Fleisch in meinem kleinen Magen.

Natürlich schmeckte es furchtbar, aber es schmeckte eben auch nach einem sorgenfreien Leben. Also rein damit. Das Besondere an Austern ist ja, dass sie den Geschmack ihrer Umgebung genau widerspiegeln. Jede Auster schmeckt also anders – von sehr intensiv mineralisch, salzig bis hin zu fein, süßlich und mild. Meine Papa-Tage waren Austern-Tage. Von sehr intensiv bis mild war alles dabei.

Zu den Austern bestellte sich mein Vater Champagner, ich bekam Apfelschorle im Champagnerglas. Wir taten so, als würde uns zweien die Welt gehören. Wenn am Ende eines solchen Kaufhof-Feinkostabteilungsnachmittags die Rechnung kam, gab's als Nachtisch noch mal eine ordentliche Portion Herzklopfen mit dazu. Hoffentlich hatten wir genug Geld, um das hier zu bezahlen. Mal verschwand mein Vater mit dem Kellner für einige Minuten um die Ecke, mal ließ er die offene Rechnung »anschreiben«. Wie mein Vater tatsächlich bezahlte, sah ich nie.

Ich mochte diese Tage trotz Herzklopfdessert, weil sie so wenig mit meinem alltäglichen Leben zu tun hatten. Austern und Champagner. Zwei Dinge, die repräsentativ für eine Realität stehen, die nicht meine war. Als Schauspieler verkleidet, wurden wir in ein unbekanntes Drehbuch geworfen. Das Set-up aus einem Wes-Anderson-Film. Stimmungsvolle Farbgestaltung, Retro-Optik, Kellner in weißem Hemd und Anzughose. Mein Vater und ich, zu Gast in einer anderen Epoche und in einem anderen Leben.

Neben den Austern-Champagner-Tagen gab es noch die Angeltage mit ihm. Kontrastprogramm also. Statt glibberiger Austern gab es glibberige Regenwürmer. Statt des Austernmessers einen Fischknüppel. An diesen Tagen holte mein Vater mich direkt mit einer Angel und Gummistiefeln vom Bahnhof ab. Gemeinsam stapften wir dann Hand in Hand zum Rhein. Hinterher verkauften wir den gefangenen Fisch direkt aus dem Eimer heraus. Petri Heil, riefen uns die Leute zu. Petri Heil, rief ich halb schreiend, halb lachend, und natürlich ohne zu wissen, was es hieß, zurück. Heil aber passte. Heile Welt war es ja.

Dieser Moment, die Anspannung, wenn der rot-weiße Schwimmer durch die Bewegung des Fisches unter Wasser gezogen wurde. Gemeinsam einen Fisch an der Angel zu haben, das war der beste Augenblick des Tages. Das war der glitzernde Panini-Sticker-Auspack-Moment. Wir sprangen mit unseren Bäuchen gegeneinander, wobei ich manchmal fast aus den quietschenden Gummistiefeln kippte, dann lagen wir uns in den Armen. Nicht selten ging dabei der gerade gefangene Fisch wieder flöten, aber das war egal, darum ging es ja auch gar nicht. Dieser Augenblick des Glücks glitt uns nicht so leicht aus den Händen wie ein glitschiger Fisch.

Unsere heile Welt zerplatzte erst, wenn plötzlich Beamte in blauer Uniform herantraten. Das Fischen am Rhein war natürlich verboten, aber mein Papa wickelte sie immer wieder um den Finger. Gut reden konnte er schon immer. Oft kam es vor, dass die Polizisten letztendlich selbst mit einem eingepackten, frisch gefangenen Fisch nach Hause gingen. Erzogen hat mich mein Vater nie, doch die wichtigste Lehre des Lebens habe ich von ihm: Das Leben ist zu kurz für später.

Einmal fuhr nicht ich nach Köln, sondern er besuchte mich zum Angeln auf dem Dorf bei meiner Mutter. Diesmal holte also ich ihn am Bahnhof ab. Auf die Nummer mit den verrückten Outfits verzichtete ich. Auf das hellblaue Hemd mit der dunkelblauen Jeans aber auch. Der Fluss, an dem wir mit den Angelruten unser Glück versuchen wollten, lag nur fünf Gehminuten vom Bahnhof entfernt. Es war windig und kalt an diesem Tag, das weiß ich noch, vor dem Mund bildeten sich Atemwolken. Da war er wieder. Der Geruch. An diesem Tag besonders intensiv. Mischung: Mundspülung mit Nordhäuser Doppelkorn. Ich war mir sicher.

Ich hatte ihn bisher nie auf diesen speziellen Mundgeruch angesprochen, und ich tat es auch diesmal nicht. Als wir an unserem Angelplatz ankamen und unsere Campingstühle aufstellten, wollte ich das entsprechende Equipment aus der Tasche meines Vaters schon mal zusammensuchen. Neben Ködern, Schwimmern und Angelschnüren lag sie da. Eine durchsichtige Flasche, siebenhundert Milliliter und ein kleines Huhn auf dem Etikett. Nordhäuser Doppelkorn. Ding, ding, ding, ding! Hundert Punkte für mich. Damit würde man sicher keine Fische anlocken, das war mir klar.

In einem unbeobachteten Moment, als mein Vater zum Pipimachen ins Gebüsch verschwand, schüttete ich die Flasche Doppelkorn aus und füllte sie stattdessen mit Flusswasser auf. Beides immerhin eine durchsichtige Flüssigkeit, dachte ich. Ein verzweifelter Versuch. Kurz darauf und nachdem er für eine Weile an seiner Tasche zugange gewesen war, verschwand mein Vater. Er müsse mal kurz »wohin«. Da saß ich nun. Allein in meinem Campingstuhl und wartete. 15 Minuten. 30 Minuten. 45 Minuten. Nach über anderthalb Stunden tauchte er wieder auf. Sichtlich angeheitert. Ich sichtlich traurig. Die beiden Gefühlslagen hätten nicht weiter auseinanderliegen können.

Ich wollte bei dem Schauspiel von der heilen Welt, die er mir vorgaukelte, unbedingt weiter mitmachen, weil es leichter und unkomplizierter war, aber diesmal konnte ich meine Enttäuschung nicht verbergen. Das erste Mal in meinem Leben weinte ich vor ihm, und ich hatte keine Worte, um ihm zu sagen, warum. Keiner von uns traute sich, den nach Doppelkorn riechenden Elefanten im Raum anzusprechen. Er torkelte einfach weiter vor sich hin.

Dass sein exponierter Lebensstil und der Alkohol nicht nur Austern und lustige Outfits, sondern auch Probleme mit sich brachten, wurde mir in Momenten wie diesen immer wieder klar. Und es dauerte nicht lange, bis diese Probleme die schlimmstmögliche Wendung herbeiführten.

Der 30. Oktober 2010 war ein Samstag. Wolkig mit etwas Regen. Das Thermometer zeigte 12,4 Grad. Die Bäume waren bunt, der Herbstblues da. Kürbisse standen fertig geschnitzt vor den Haustüren, im Supermarktregal fand man wie jedes Jahr bereits die ersten Lebkuchenherzen, und Jugendliche zwischen 15 und 18 Jahren (mich eingeschlossen) beratschlagten seit Tagen über Ort und Zeit der Alkopop-Zufuhr anlässlich der anstehenden Halloweenpartys. Auch die *Bild*-Zeitung präsentierte sich an diesem Samstag mit gewohnt geschliffener journalistischer Klinge:

> 0:1 gegen Leverkusen – 6. Pleite! Alarm auf Schalke
> GQ Awards – Nur heiße Frauen beim Männer-Award
> CSU-Innenminister Herrmann für harten Kurs bei Integration
> Skandal Sängerin Amy Winehouse mal hübsch!

Alles wie immer also, an diesem vorletzten Tag im Oktober. Was in diesen gewöhnlichen Samstag einer 16-Jährigen allerdings nicht so ganz passte, war die Tatsache, dass sie seit gut sechs Monaten nicht mehr mit ihrem Vater gesprochen hatte. Der Grund dafür schon gewöhnlicher: ein Streit, natürlich.

16-jährige Mädchen, die sich gegen ihren Vater auflehnen, sind definitiv keine Seltenheit. Die Rebellion gehört zu jeder 16-Jährigen wie Lebkuchenherzen ins Supermarktregal, sobald die ersten Blätter sich verfärben. Bei diesem Streit ging es aber nicht um eine verbotene Party, zu wenig Taschengeld oder einen angeblich ungerechten Putzplan. Es ging um den Alkoholkonsum. So weit so gewöhnlich. Nur ging es hier nicht um meine Trinkgewohnheiten, sondern um die meines Vaters.

Schon seit vier Jahren entfernte dieses Thema uns immer weiter voneinander. Mal vergaß er, mich irgendwo abzuholen, mal tauchte er sturzbetrunken bei Schulveranstaltungen auf und pöbelte meine Lehrer an, mal erzählte er Dinge, die Kinderohren eigentlich nicht hören sollten. Irgendwas war irgendwie immer, und irgendwann sprach meine Mutter ein Machtwort und verhängte ein Kontaktverbot. Monatelang.

Er schrieb mir Briefe, jeden Monat mindestens einen. Sie hatten oft kleine reflektierende gelbe Smileys auf dem Briefumschlag. Lagen sie im Briefkasten, sah man sie also schon von Weitem. Ein kleiner gelber Smiley, der schrie: »Hey, vergiss mich bloß nicht. Hier bin ich, hier bin ich!«

In den Briefen selbst fand ich wenig Weitsicht und viel Verzweiflung. In manchen versicherte er mir, er trinke jetzt kein Bier und Schnaps mehr, sondern nur noch Wein. Ich war zwar jung, aber dass ausgiebiger Weinkonsum keine

Alkoholsucht therapieren kann, das wusste ich. Mit jedem Brief sank meine Bewunderung. Mit jedem Brief wuchs meine Enttäuschung. Ich habe immer zu ihm aufgeschaut. Die Fallhöhe war also gigantisch. Ich war von Anfang an ein Papa-Kind gewesen. Ich sah aus wie er, und ich benahm mich wie er.

Ich dachte bei jedem Brief an die Nächte, in denen wir uns bis früh morgens ausgedachte Geschichten erzählt und gelacht hatten, bis uns der Bauch weh tat. Ich dachte bei jedem Brief an die Tage, an denen wir kilometerweite Umwege gemacht hatten, damit wir uns noch ein paar Gramm von den kleinen geräucherten Sprotten vom Wochenmarkt auf dem Nachhauseweg teilen konnten. Ich dachte bei jedem Brief an die Nachmittage, in denen wir stundenlang in seiner Garage verbracht und an den selbstgebauten Ködern für das Fliegenfischen gebastelt hatten. Ich dachte bei jedem Brief, wieso er all das für den kleinen Moment des Rausches aufs Spiel setzte. Wieso Schnaps statt Sprotten? Wieso Likör statt Lachanfall? Wieso Korn statt das eigene Kind?

Ich schrieb ihm einen einzigen Brief zurück, in dem ich all die offenen Fragen stellte. Ohne gelben Smiley-Aufkleber, dafür aber mit der gleichen Verzweiflung. Aber auch danach blieb ich ohne Klarheit. In keinem der Briefe bekam ich Antworten auf meine Fragen, und irgendwann wurden die Briefe weniger.

Seine Antwort auf meinen Brief bekam ich durch meine Schwester übermittelt. Sie hatte ihn besucht, weil sie älter war und das Kontaktverbot für sie nicht so streng galt, und meinen Brief mitgenommen. Er las und zerriss ihn. Ohne ein einziges Wort.

Die zweite Novemberwoche war bereits angebrochen, als spätnachmittags das Telefon klingelte. Ich hörte, wie meine Mutter meine Oma Helga begrüßte. Als sie die Tür hinter sich schloss und ein bestürztes »Was?!« zu hören war, merkte ich, dass etwas passiert war. Ich saß in meinem Zimmer und versuchte, irgendwas zu verstehen. Leises Gemurmel war aber alles, was ich mitbekam.

Ein paar Augenblicke später klopfte es an meiner Zimmertür. Meine Mutter setzte sich zu mir auf die Bettkante. Sie war nervös, ich angespannt. Was passiert hier? Sie brauchte ein paar Anläufe, um die richtigen Worte zu finden, und zwar exakt vier Stück: Dein Vater ist tot.

Vier Worte, die, wie man sie auch dreht und wendet, kein Missverständnis zulassen. Tot dein Vater ist. Ist tot dein Vater. Tot ist dein Vater. Nach diesen vier Worten herrschte Stille.

Seit Jahren versuche ich, diesen Moment auf der Bettkante zu rekonstruieren. Was habe ich getan, was habe ich gesagt, was habe ich gedacht, was habe ich gefühlt? Es bleibt ein blinder Fleck. Ein dunkler Schatten irgendwo zwischen Groß- und Kleinhirn, der über den schlimmsten Tag meines Lebens einen Beauty-Filter gelegt hat. Der Hippocampus wacht wie ein Türsteher vor meinem Langzeitgedächtnis und verwehrt mir den Eintritt. Jedes Mal. Rein darf ich erst wieder an dem Zeitpunkt, als meine Mutter mir Stunden später erklärte, was der genaue Inhalt des Telefonats mit meiner Oma gewesen ist. Sie hatte durch Zufall die Todesanzeige meines Vaters im Kölner Stadtanzeiger entdeckt. Irgendwo zwischen Kontaktbörsen und Stellenanzeigen stand es schwarz auf weiß:

Wir trauern um unseren Freund
Rainer »Kermit« Cassel
† 30. Oktober 2010. Hanni, Natz, Cat.
Köln, im November 2010.

Dass mein Vater tot war, erfuhren wir also aus dem Altpapier. Als ich die Todesanzeige Tage später in den Händen hielt, fühlte ich mich so weit entfernt wie noch nie von meinem Vater.

Ich wusste weder, wieso sein Spitzname »Kermit« war, noch hatte ich eine Ahnung, wer Hanni, Natz und Cat waren. Freunde? Leute aus der Kneipe? Kinder? Wie kann jemand, der mir mal bis auf Millimeter nahe gewesen war, plötzlich kilometerweit weg sein? Und das nicht nur gefühlt, sondern auch faktisch. Die letzten Monate hatte er offenbar nicht mehr in Deutschland, sondern auf Mallorca verbracht. Anfang des Jahres 2010 war seine Mutter, meine Oma, verstorben. Mit dem Geld aus dem Verkauf des geerbten Hauses hatte sich mein Vater auf in Richtung Balearen gemacht. Er hatte die Insel als Sohn betreten, der gerade seine Mutter verloren hatte. Und er verließ sie mit seinem eigenen Todesurteil.

Leberzirrhose lautete die Diagnose – eine chronische Erkrankung, bei der das Lebergewebe so stark geschädigt ist, dass die Leber ihre Funktion nicht mehr ausführen kann. Die häufigste Ursache ist eine Fettleber, ein Resultat von zu hohem Alkoholkonsum.

Mein Vater hatte sich tot gesoffen.

Ein scheinbar gewöhnlicher Samstag im Oktober wurde plötzlich zum Wendepunkt meines Lebens. 30. Oktober 2010. Während ich mir an diesem Tag Gedanken über die anstehenden Halloweenpartys machte, starb mein Vater allein in einer Sozialeinrichtung in Köln-Riehl. Verabschieden konnte ich mich nie. Eine Beerdigung gab es nicht. Wir hatten kein Geld. Der Mensch, der mir die Welt bedeutet hatte, wurde, vom Staat finanziert, irgendwo anonym eingeäschert und an einem mir unbekannten Ort verstreut. Und so bleibt der blinde Fleck auch Jahre später ein blinder Fleck.

Der Tod meines Vaters hat mein Urvertrauen in das Leben erschüttert. Dieses Urvertrauen, dass schon alles irgendwie klappen wird. Diese tröstliche Geborgenheit, die wir als Neugeborene mit der Muttermilch aufsaugen, weil wir noch unberührt vom Leben sind.

Ich habe mal irgendwo gelesen, dass man erst so richtig erwachsen ist, wenn man ein Elternteil verloren hat. Mit 16 war ich also plötzlich erwachsen. Sieben Briefe und eine ausgeschnittene Todesanzeige aus der Zeitung sind alles, was mir von ihm geblieben ist.

Je älter ich werde, desto mehr verschwimmen die Erinnerungen. Die Gefühle zu ihm bleiben aber. Die bedingungslose Liebe, die er mir entgegenbracht hatte, die Lebenslust, die er mir mitgab, die Unbekümmertheit und Sorglosigkeit, die ich in so vielen Momenten mit ihm gespürt habe. Aber da ist auch dieses Schamgefühl in mir, wenn ich an die Zeit mit ihm denke. Mein Vater zog mit seinen schrillen Outfits und seinem wegen seiner Trunkenheit häufig unberechenbaren Verhalten immer alle Blicke auf sich. Ich fühlte mich mit ihm ständig und überall beobachtet und bewertet.

Bis heute ist mir deshalb vieles unangenehm. Peinlich berührt zu sein, passiert mir relativ schnell. Und obwohl mich so vieles beschämt, begebe ich mich trotzdem immer wieder auf die große Bühne, wo Unangenehmes noch unangenehmer werden kann, wo Peinliches sich nochmal peinlicher anfühlt. Podcast-Bühne, TV-Bühne, Event-Bühne. Es ist für mich eine Art Konfrontations-Therapie. Auf der einen Seite möchte ich gehört werden und Bestätigung bekommen. Die finde ich nicht in mir, sondern nur im Außen. Auf der anderen Seite möchte ich unsichtbar sein und in der Menge nicht auffallen. Ich habe es bis heute nicht geschafft, mich von diesen und anderen Gegensätzen in mir zu befreien. Sie sind ein großer Teil von mir.

Die amerikanische Philosophin Susan Neiman sagte mal den schlauen Satz über das Erwachsensein: »Erwachsen werden heißt, die Ungewissheiten anzuerkennen, die unser Leben durchziehen, und – schlimmer noch – ohne Gewissheit zu leben, aber einzusehen, dass wir unvermeidlich immer nach ihr suchen werden.« Meine Gewissheit versuche ich, in der totalen Kontrolle zu finden

Unbewusst sorgte der Verlust meines Vaters dafür, dass ich seit jenem Samstag im Oktober nichts mehr dem Zufall überlasse. Diese Haltung bestimmt fast jeden Bereich meines Lebens. Freundschaft, Familie, Arbeit. Mit möglichst viel Kontrolle gibt es möglichst wenig Ungewissheit. Das Streben nach Kontrolle ist mein Schutzpanzer, der mir Sicherheit gibt. Mal ist der Schmerz über den Verlust meines Vaters ganz nah, bohrt sich tief in die Poren und setzt sich tagelang fest. Das schwere Herz lässt mich kaum aufstehen. Mal ist er mir aber auch ganz fern, und ich vergesse ihn völlig in den unbeschwerten Momenten der Leichtigkeit. Der Schmerz ist dann eher eine Erinnerung als ein Gefühl.

Der Verlustschmerz ist aber immer auch ein Schlüssel zu mir und meinen Emotionen. Er öffnet mir die Tür zum Nachdenklichsein. Wer weiß, ob ich ohne den Verlust meines Vaters überhaupt da wäre, wo ich jetzt bin? Vielleicht hätte ich mich öfter zurückgelehnt, darauf vertrauend, dass alles schon irgendwie wird. Das, was ich heute bin und mache, hat viel mit Austern, Angeln und dem nach Doppelkorn riechenden, torkelnden Elefanten zu tun.

HA HO HE – HERTHA BSC

Es gibt so viele Möglichkeiten, wie mein Leben hätte verlaufen können. Manchmal ist es nur eine einzige Entscheidung, die das Schicksal in eine andere Richtung lenkt und zu einem ganz anderen Leben führt. Die Entscheidung für Hertha BSC war so eine Entscheidung. Eine Zeitenwende. Ab da war alles anders.

Am Anfang haderte ich allerdings mit dem Entschluss für Hertha BSC – mein journalistisches Herz wehrte sich dagegen. Ausgebildet bei einem öffentlich-rechtlichen TV-Sender, wo neutrale Berichterstattung das höchste Gut war, glich die Entscheidung für einen Verein in meinen Augen einer journalistischen Bankrotterklärung.

Ich befürchtete, als ein Rädchen im Getriebe der Unternehmenskommunikation verschlissen zu werden. Mit dem einzigen Ziel, den Verein nach außen zu vermarkten. Ausschließlich positiv und vielleicht nicht ausschließlich ehrlich. Ich würde ab sofort wohl immer eine blau-weiße Brille tragen müssen. Dabei hatte ich nach meiner Erfahrung in der Marketingagentur eigentlich genug davon, Dinge zu bewerben. Ich wollte mich endlich wieder mit dem identifizieren, womit ich den Großteil der Woche meine Zeit verbrachte. All diese Gedanken geisterten nach der Vertragsunterzeichnung durch meinen Kopf. Bis zu meinem ersten

Arbeitstag, der meine Sicht auf die Dinge schlagartig änderte.

Um 9 Uhr sollte ich mich an der Rezeption der Geschäftsstelle anmelden. Man wisse Bescheid und würde mich dann zu meinem Platz begleiten. Mein Ziel also an jenem Morgen: Hanns-Braun Straße 2, Berlin-Charlottenburg.

Mit der U-Bahn brauchte ich bis zur Haltestelle Olympiastadion exakt 44 Minuten. Mit einem großzügigen Puffer und natürlich aufgrund ordentlich Muffensausen (die Nacht davor hatte ich mal wieder nicht geschlafen) verließ ich bereits um 7:30 Uhr meine Wohnung. Die Bahnfahrt kam mir vor wie eine halbe Ewigkeit. Die Zeit floss so langsam wie Honig von einem Löffel.

Ich hatte nicht die geringste Vorstellung davon, was oder wer mich an meinem Ziel erwarten würde. So malte ich mir im Kopf alles Mögliche aus und ging die verschiedensten Szenarien durch.

Zuerst das Worst-Case-Szenario: Ich hatte mich im Tag geirrt und niemand erwartete mich. Der erste komische Eindruck wäre mir damit sicher gewesen. Wie um Himmels willen soll jemand, der sich nicht mal den ersten Arbeitstag merken kann, unseren Verein nach außen repräsentieren?

Zweites Szenario, mittelschlimm: Ich hatte mich nicht im Tag vertan, dafür aber in der Uhrzeit. Statt um 9 Uhr sollte ich erst um 10 Uhr da sein. Ich würde also eine Stunde lang vor verschlossenen Türen warten müssen, bis endlich jemand einträfe und die Tür öffnen würde. Unangenehm! Wie überambitioniert und verbissen muss jemand sein, der am ersten Arbeitstag eine Stunde früher als vereinbart kommt? Wir wissen ja: Für den ersten Eindruck gibt es keine zweite Chance.

Zuletzt das Best-Case-Szenario: Tag und Uhrzeit stimmen. Ich betrete um genau 8:59 Uhr die Geschäftsstelle, wo ich mit einem breiten Lächeln von einem netten Herrn an der Rezeption mit einem »Hallo Lena« und einem charmanten Kompliment empfangen werde. Ich bekomme ein kleines Begrüßungsgeschenk (Tasse mit meinem Namen drauf, na klar) und werde an meinen Platz gebracht, wo noch keine Menschenseele zu sehen ist, weil alle anderen Kollegen erst ab 9:30 eintrudeln. Ich habe also genügend Zeit, um mich mit einem Kaffee (der mir selbstverständlich gebracht wird, weil ich weder weiß, wo die Kaffeemaschine steht, geschweige denn weiß, wie man sie bedient) zu akklimatisieren.

Als ich die Szenarien in meinem Kopf so durchging, blieben meine Gedanken plötzlich an meinem Outfit hängen. Was zum Teufel hat mich eigentlich dazu geritten, an meinem ersten Arbeitstag ein kurzärmliges lila-rot-gelbes Seidenhemd mit Tigern drauf anzuziehen? Jürgen von der Lippe hätte sich bei diesem Anblick vermutlich tief verbeugt, aber für das eher biedere Fußball-Establishment musste diese Montur wie ein Affront wirken. Die Uniform war normalerweise: dunkelblau mit weißen Sneakern. Wenn's ein bisschen extravaganter sein sollte, dann gab's zum kaufmännischen Blau auch mal eine freche bunte Socke, die beim Beineüberschlagen aus der Hose rausblitzte. Aber selbst das lief schon unter der Kategorie: Der oder die *traut* sich aber was!

Zeit zum Umziehen war natürlich keine mehr, und vielleicht (aber nur ganz vielleicht) wollte ich ja auch auffallen. Anders sein. Authentisch sein. So lief ich eben rum. (Es gibt ein Video, das ich an meinem ersten Arbeitstag samt Tiger-Seidenhemd gedreht habe, noch auf YouTube. Gern geschehen!)

Es gibt immer die Möglichkeit, sich einfach in die vorgefertigte Schablone einzufügen. Tut weniger weh und ist deutlich unkomplizierter. Es gibt aber eben auch die Möglichkeit, ein bisschen über den Rand zu malen, über die Schablone drüber. Das ist ungewohnt und auch etwas schwerer, weil die Kanten der Schablone relativ robust sind, aber nur so kann ein anderes Bild entstehen. Eins mit bunteren Farben und neuen Formen. Ich hatte mich an diesem Morgen für das Drübermalen entschieden.

»Nächste Haltestelle Olympiastadion.« Abrupt wurde der Film in meinem Kopf beendet. Jetzt ging's um die Realität. Ich war natürlich viel zu früh dran, und so machte ich noch schnell einen Abstecher zum Stadion, statt verloren vor der Geschäftsstelle herumzustehen. Die fünf olympischen Ringe am Osttor sah ich schon von Weitem.

Wie eine feierliche Girlande hingen sie zwischen dem Preußenturm (im Nordosten) und dem Bayernturm (im Südosten). 1954 empfingen Tausende Berliner genau hier die »Helden von Bern« kurz nach dem WM-Triumph, beim Spiel Hertha BSC gegen den 1. FC Köln knackten 88 075 Zuschauer den Bundesligarekord, die Hertha-BSC-Amateure standen 1993 hier im DFB-Pokalfinale, Zidanes legendärer Kopfstoß beim WM-Finale 2006, Papst Benedikt XVI. fuhr mit dem »Papamobil« über die blaue Tartanbahn und feierte 2011 eine Heilige Messe, die Stones rockten die Arena, U2 und Westernhagen auch (Mario Barth klammern wir aus). Gänsehaut, immer wieder Gänsehaut.

Das Olympiastadion war schon immer eine Bühne der Geschichte. Voller Emotionen, voller Tragik, voller Freude, voller Wunder, voller Legenden. Und meine Geschichte mit diesem Stadion, mit diesem Verein sollte hier und heute beginnen. Ich kam mir klein und unbedeutend vor und war mir gleichzeitig bewusst: Egal was noch passiert, dieser Moment würde bleiben.

Angekommen an der Geschäftsstelle, begrüßte mich eine Kombination aus Szenario eins (Worst-Case) und Szenario drei (Best-Case). So richtig erwartet hatte mich keiner (Worst-Case), aber immerhin traf ich um genau 8:59 Uhr im Empfangsbereich ein (Best-Case). Das Begrüßungsgeschenk blieb zwar aus (genauso wie das Kompliment), aber mir wurde direkt die Kaffeemaschine erklärt. Wichtig!

Ich wurde zu meinem Arbeitsplatz gebracht, wo mich zwei Jungs leicht verwundert beäugten. Sie erinnerten mich sofort an die Panzerknacker. Leicht gebückte Haltung, ein wenig grummelig, zarte Schatten unter den Augen und irgendwie auch nicht so recht wissend, wer ich eigentlich war. Meine neuen Kollegen. Ein bisschen verschlossen, aber irgendwie lieb.

Auf meinem Schreibtisch tummelten sich alte Kaffeetassen, Papierstapel, Speicherkarten und sonstiges Allerlei. Es war ein undurchsichtiges Durcheinander und alles andere als perfekt. So wie ich in dieser Zeit. Ich fühlte mich direkt wohl. Ein bisschen Smalltalk und zwei Kaffee später kam ein weiterer Kollege an den Tisch. Typ Schwiegersohn. Er hatte was zu sagen, das merkte ich sofort. Er stellte mir die anderen Kollegen und Kolleginnen vor, erklärte mir das E-Mail-Postfach, den vereinsinternen Kommunikationskanal und gab eine kleine Zusammenfassung davon, was sie bisher so bei Hertha TV gemacht haben. Man könne ja am Nachmittag beim Training der Profis direkt mal was gemeinsam aufnehmen, sagte er, sofern ich mich schon bereit dafür fühlen würde. Ich fühlte nein und sagte ja. Das hat ja gut geklappt.

Nach dem gemeinsamen Mittagessen, bei dem ich alles über die tagesspezifischen Essgewohnheiten der Belegschaft erfuhr (Montags Döner, weil Montag. Mittwochs Burrito, weil im Angebot und freitags Falafel, weil Falafel-Freitag), ging es mit ordentlich Nervosität raus auf den Trainingsplatz. Das erste Mal also richtig nah dran. Ich war weit und breit die einzige Frau auf dem Trainingsplatz und fiel also nicht nur wegen meinem kurzärmligen lila-rot-gelben Tiger-Seidenhemd sofort auf. Aber auch diese Situation war mir aus Sportschau-Zeiten ja geläufig.

Viel Zeit, darüber nachzudenken, hatte ich sowieso nicht. Kurz darauf zückte mein Kollege schon die Kamera und drückte mir ein Mikrofon mit Hertha-BSC-Logo in die Hand. Ich solle mich einfach mal vorstellen und meine Eindrücke vom Training schildern. Das könnte man dann super als Anmoderation für das Wochenrückblicks-Video mit dem Namen »Eine Woche in Blau-Weiß« verwenden. Ich legte mir ein paar halbwegs passende Sätze zurecht und fing an: »Ein herzliches Hallo zu einer neuen Folge ›Eine Woche in Blau-Weiß‹. Aber nicht nur die Folge ist neu, sondern auch ich. Ich bin Lena und sozusagen die Neu-Verpflichtung von Hertha TV. Aber mal genug von mir, denn die Jungs haben diese Woche richtig viel geackert. Immerhin startet am Samstag die neue Saison.« Das waren meine allerersten Sätze für Hertha TV. Erleichtert aber noch unsicher, ob ich mit dem Endprodukt zufrieden war oder nicht, ließ ich mich auf eine Bank fallen, um den Rest des Trainings zu verfolgen und fleißig mitzuschreiben.

Von Weitem sah ich einen gut trainierten Mann mit braunen kurzen Locken und dunkelblauem Rundausschnitt-Pullover aus Merinowolle auf mich zukommen. Arne Friedrich, aktueller Sportdirektor, ehemaliger Hertha-Kapitän und 82-facher Nationalspieler. In meinem Kopf ging direkt die Melodie los: *Und Arne Friedrich war uns erst zu friedlich, dann war er wie neugeboren, und schließlich sah man die Tür vorm Tor, sie schließt sich. Arne Friedrich, Deutschland liebt dich.* Der Soundtrack des Sommermärchens 2006. Er war einer der Helden.

»Schönes Hemd hast du da«, sagte er mit einem verschmitzten Grinsen. Da war es also doch noch, das Kompliment. Er setzte sich neben mich auf die Bank, und wir kamen sofort ins Gespräch – über das Training, über ihn, über mich, über Hertha BSC im Allgemeinen und im Spezifischen. Er verriet mir, wer wie tickte und welche Dos and Don'ts es gab. Seine offene Art ließ ihn schnell zu einem engen Freund und Vertrauten für mich werden.

Als ich am späten Nachmittag auf meiner 44-minütigen Heimfahrt in der Bahn saß, wich dem morgendlichen Kopfkino jetzt die Gewissheit: Das war also mein neuer Alltag. Fußballplatz, Falafel-Freitag, ehemalige Nationalspieler, Kameras, Mikrofone und ein Verein, der mir nicht nur aufgrund der Regenbogenfahne vor der Geschäftsstelle gleich sympathisch war. Von meiner anfänglichen Skepsis nach der Vertragsunterschrift war nicht mehr viel übrig. Das hier war Fußball in Reinform, und das war genau das, was ich so sehr vermisst hatte, seitdem ich selbst mit dem Fußballspielen aufgehört und mein berufliches Dasein zuletzt in einer Marketingagentur-Hölle gefristet hatte. Hier war alles wieder so vertraut. Der Geruch vom frisch gemähten Rasen, das dumpfe Geräusch des Balles, das Klackern der Stollen auf dem Asphalt, der Schweiß auf der Stirn, die Rauchwölkchen beim erschöpften Ausatmen nach dem letzten Sprint. Ungläubig darüber, dass ich mit alldem jetzt sogar mein Geld verdienen würde, fiel ich an diesem Abend völlig überwältigt ins Bett und schlief wie ein Baby. Das erste Mal seit Monaten.

Meine folgenden zwei Jahre sahen wie folgt aus: Es gab Formate, die es wöchentlich für den vereinseigenen YouTube-Kanal zu produzieren galt, es gab einen Wochenrückblick, eine Liveshow zum Spieltag und Features, in denen man die Spieler ein bisschen näher kennenlernen konnte. Mal verbrachte ich mit einem ausgewählten Spieler einen ganzen Tag und stellte ihm dabei Fragen zu seiner Karriere und seinem Privatleben, mal trat ich gegen Spieler im sogenannten Lattenschießen an, wobei ich jedes Mal kläglich scheiterte, aber immer eine gute Zeit hatte.

Auch den Fans schien das Ganze Spaß zu machen und das trotz teils fragwürdiger Klamottenauswahl meinerseits. Jeder Tag war anders, jeder Tag war speziell, jeder Tag fühlte sich wie ein Privileg an. Ich schaute mir das Training der Profis an, begleitete die Mannschaft zu ihren Spielen, fuhr mit ins Trainingslager nach Österreich (hierüber wurde Stillschweigen vereinbart. Nur so viel, es wurde nicht nur Fußball gespielt).

Ich schlief wieder besser und kletterte Monat für Monat immer weiter aus meinem Loch hinaus. Trotz der unterschiedlichen Tagesabläufe hatte ich so etwas wie eine Routine gefunden. Nach den kräftezehrenden letzten Jahren, prall gefüllt mit Studium, Fernbeziehung, vier Jobs und einer halbprofessionellen Fußballkarriere, empfand ich den Alltag aus Hertha BSC, Fabio und meiner Freundin als wohltuend und genau richtig.

Viel wichtiger war aber: Ich war wieder Teil eines Vereins, einer Idee, einer gemeinsamen Leidenschaft, gemeinsamen Zielen. So unterschiedlich wir alle bei Hertha BSC waren: Spieler, Trainer, Betreuer, Fans oder Vereinsmitarbeiter – wir alle trugen das gleiche Wappen auf der Brust. Die blauweiße Fahne. Verlor die Mannschaft ein Spiel, verloren wir alle. Gewann die Mannschaft ein Spiel, gewannen wir alle. Ich ließ mich mitreißen, und ich fühlte mich so gut wie lange nicht mehr: wach und mittendrin.

In einer Phase, in der ich mich in einer neuen Stadt zu orientieren versuchte und herausfinden musste, wer oder was ich eigentlich war, half mir dieses Gefühl von Zugehörigkeit. Auch weil der Verein und ich in dieser Zeit eine große Gemeinsamkeit teilten: Wir beide befanden uns im Umbruch. 2019 hatte der Traditionsverein aus dem Berliner Westen sich dazu entschlossen, Geld von einem Investor anzunehmen, um mit der Finanzspritze endlich den Traum vom international erfolgreichen Hauptstadtklub zu verwirklichen. Der mittlerweile als Schimpfwort geltende Begriff »Big City Club« war fortan der Aufmacher zahlreicher Boulevardmedien. Insgesamt wurden 370 Millionen Euro (dreihundertsiebzig Millionen Euro!!!) in den Verein investiert.

Was folgte waren zwei Jahre Abstiegskampf und ein großer Scherbenhaufen. Hertha BSC war in dieser Zeit wie ein 18-jähriger Justus aus Hannover, der von seinem Vater den neuen Porsche Panamera geschenkt bekommt, aber noch gar keinen Führerschein besitzt und dementsprechend nicht die geringste Ahnung davon hat, wie man ein solches Geschoss überhaupt steuert.

Ich erlebte zahlreiche Niederlagen, Fanproteste, Deadline-Days. Ein Dutzend Spieler kamen und gingen, dazu drei Trainer. Pal Dardai, Bruno Labbadia und Felix Magath. Letzterer auch bekannt als »Quälix«, weil er immer mit Medizinbällen trainieren ließ und branchenintern als harter Knochen galt.

Als ich ihn zu einem halbstündigen Interview traf, bei dem wir gemeinsam Kräutertee tranken (den trank er wohl jeden Tag), wirkte er auf mich allerdings eher wie ein lebensweiser älterer Herr, der im Fußball schon alles erlebt und auf jede Frage die passende Antwort hatte. In seinem ganzen Wesen erinnerte er mich stark an den Schulleiter Dumbledore aus den Harry-Potter-Büchern. »Dumbledore« bedeutet übrigens aus dem Englischen übersetzt »Hummel«. Harmlos und leise vor sich hin brummend. Das passte auch zu Magath. Er rettete den Verein übrigens wenige Monate nach unserem Interview in der Relegation gegen den Hamburger SV vor dem sicher geglaubten Abstieg in die Zweite Bundesliga.

In den zwei Jahren bei Hertha BSC bekam ich nicht nur wegen der dramatischen Relegationsspiele die komplette Palette des Fußballgeschäfts mit. In dieser Melange aus unerfüllten Erwartungen, großen Enttäuschungen und der Suche nach Identität reifte in mir eine unumstößliche Erkenntnis heran: Der Fußball ist mehr als der rollende Ball. Das Stadion war trotz der teils desolaten Ergebnisse immer voll. Zahlreiche Fans standen bei Wind und Wetter weiterhin am Zaun des Trainingsgeländes, nur um für einen kurzen Augenblick ihren Jungs, ihren Spielern nah zu sein. All das berührte mich. Wieder dachte ich an die Tage in meiner Kindheit im Gummikäfig, wo die 20 x 13 Meter mein Lebensmittelpunkt waren. Und zwar nicht nur, weil der Ball dort rollte, sondern weil ich damit immer einen Ort hatte, zu dem ich hingehen konnte und wo ich auf Menschen traf, die die gleiche Liebe mit mir teilten. Dieses Gefühl haben auch die Fans, wenn sie ins Stadion gehen. Ein Ort, zu dem man wegen der Menschen geht, die man dort trifft. Nicht wegen des Ergebnisses.

Ich wusste, dass mich das mit ihnen verband. Und trotzdem überkam mich nach zwei Jahren unvermittelt ein mir schon bekanntes Gefühl. Immer, wenn ich gerade irgendwo angekommen bin, gibt es da in mir ein unbewusstes Sehnen nach dem nächsten Abenteuer.

Es ist eine zweiseitige Medaille, die ich schon mein ganzes Leben lang um meinen Hals trage. Auf der einen Seite strebe ich nach Routine, Sicherheit und Stabilität. Auf der anderen Seite will ich Abenteuer, Herausforderung, Nervenkitzel.

Und irgendwann war mir klar: Nach zwei Jahren Haltestelle Olympiastadion musste ich weiterfahren. Eine innere Stimme hatte mich seit dem Saisonende 2022 ständig und unaufhörlich mit diesem Gedanken genervt. Irgendwann konnte ich sie nicht mehr ignorieren und hörte ihr zu. Sie sagte Dinge wie: »Das Leben ist zu kurz, um dich in der warmen Badewanne auszuruhen.« Hatte ich Angst, mich aus diesem sicheren Umfeld zu lösen, ins kalte Wasser zu springen, ohne zu wissen, was kommt? Ja, und wie. Aber ich fühlte mich mittlerweile stark genug, um es dennoch zu versuchen. Meine Demut vor der Einzigartigkeit des eigenen Lebens war größer als meine Angst vor dem Ungewissen.

Als ich meinen Abschied verkündete, erreichte mich eine völlig unerwartete Flut aus Dankesnachrichten und Liebesbekundungen. Ich hatte in den zwei Jahren bei Hertha BSC offenbar ein paar Spuren hinterlassen. Vielleicht ja ein neues Bild, weil ich mich getraut habe, über die Schablone zu malen.

Noch heute fragen mich Fans im Olympiastadion nach Selfies und sagen mir im Anschluss Sätze wie: »Du hast dem Verein endlich wieder ein Gesicht gegeben, mit dem man sich identifizieren kann« oder »Du bist eine von uns«. Wenn ich nur daran denke, bekomme ich Gänsehaut. Manchmal auch einen dicken Kloß im Hals und nicht selten sogar Tränen in den Augen. Ich hatte meine Wirkung auf diesen

Verein und seine Fans massiv unterschätzt. Und ebenso seine Wirkung auf mich.

Ich war Teil einer Familie geworden. Für jemanden, dessen Familiengeschichte derart brüchig ist wie meine, ein Gefühl von unschätzbarem Wert. Dieser Verein hat mir in einer der schlimmsten Phasen meines Lebens ein Zuhause gegeben. Sinnhaftigkeit, Selbstvertrauen und Stärke. Ohne die Zeit bei Hertha BSC wäre ich heute nicht da, wo ich bin.

Wenn ein langjähriger Akteur den Verein verlässt, heißt es von den Fans oder Spielern: einmal Herthaner, immer Herthaner. Selbst, wenn man nicht mehr das Logo auf der Brust trägt, weht die blau-weiße Fahne im Herzen trotzdem weiter. Wer sich einmal für diesen Verein aufgerieben hat, den vergisst man nicht mehr. Der bleibt. Für immer. Leute vergessen, was du gesagt hast, Leute vergessen, was du gemacht hast, Leute vergessen aber nicht, welches Gefühl du ihnen gegeben hast. Hertha BSC hat mir ein Zuhausegefühl gegeben. Ich bin mit Zweifeln und einer zögernden inneren Stimme gekommen und mit Dankbarkeit und erfülltem Herzen gegangen. Durch die blau-weiße Brille, die ich am Anfang nicht tragen wollte, habe ich vor allem mir selbst ein Stück näherkommen dürfen.

Aus Liebe und Verbundenheit an die blau-weiße Familie: einmal Herthaner, immer Herthaner.

PRIMETIME FÜR DEN ROSAROTEN PANTHER

Vielleicht habt ihr euch die ganze Zeit schon gefragt: Wie kam denn nun aber der rosarote Panther in das viel zu große Studio aus der Anfangsszene dieses Buches? Ich hatte beschlossen, weiter als bis zur Haltestelle Olympiastadion zu fahren, ohne zu wissen, wie die nächste Station heißen würde. Anders gesagt: Ich habe gekündigt, ohne etwas Neues unterschrieben zu haben. Während der Zeit bei Hertha BSC gab es immer mal wieder lose Anfragen des ein oder anderen TV-Senders, aber in der Branche wird eben auch häufig mehr geredet als gemacht.

Und so saß ich im Sommer 2022 im Zug, ohne zu wissen, wo er als Nächstes halten würde. Ich dachte nach, über das vermeintlich kleine Davor und das große Danach. War das hier schon die allerbeste Zeit, oder würde sie noch kommen? An welchem Punkt meiner Geschichte stand ich?

Aus all meinen Fragen, Gedanken und Erfahrungen kristallisierte sich eine Erkenntnis heraus: Es war okay, gerade mal nicht zu wissen, was als Nächstes kommt.

Es war okay, weil ich auf festem Boden stand. Auf einem Fundament, von dem ich wieder neu starten konnte. Der Fußball würde mich schon irgendwo hintragen. Das war für mich inzwischen Gewissheit.

Eines Spätsommertages bekam ich eine Nachricht von Tabea Kemme. Ehemalige Profifußballerin und jetzt TV-Expertin bei Sky, Magenta TV und Amazon Prime. Sie fragte mich, ob sie meine Handynummer an jemanden weitergeben könne, der sich mit mir über ein mögliches Jobangebot unterhalten möchte. Ich zögerte keine Minute, denn ich hatte mir über die zwei Jahre bei Hertha BSC ein kleines Selbstvertrauens-Fettpölsterchen zugelegt. Zuspruch als Zündstoff der Zuversicht. Genau davon zehrte ich jetzt.

Nach dem Telefonat wusste ich: Sie waren auf der Suche nach einer, Zitat, »jungen, frischen, modernen, neuen Moderatorin« für ihre Highlights-Show nach den Champions-League-Spielen bei Prime Video. Sie hätten mich bei Hertha TV verfolgt und ihnen gefiele meine »natürliche« Art. Das fand ich irgendwie schön. Natürlich. Das bedeutet gleichzeitig glaubwürdig, nahbar, authentisch und vor allem nicht aufgesetzt. Genau so wollte ich wahrgenommen werden. Nicht perfekt, sicherlich gibt es handwerklich wesentlich begabtere Moderatorinnen als mich, ganz bestimmt sogar, aber zumindest schien ich *echt* zu wirken. Ich sollte die darauffolgende Woche zum Casting nach Köln kommen.

Meine allererste Casting-Erfahrung hatte ich übrigens ein Jahr zuvor gemacht. Das ZDF-Morgenmagazin (kurz MOMA) hatte mich kontaktiert und mich für die Moderation ihres Sportblocks in Betracht gezogen. Das dreiminütige Teleprompter-Ablesen zwischen dem Wetter- und dem Politikblock hatte aber natürlich nicht im Geringsten etwas mit Natürlichkeit zu tun, und so bekam ich folgerichtig (und Gott sei Dank) eine Absage.

Das Casting in Köln war nicht weniger aufregend und trotz meines gewachsenen Selbstvertrauens verspürte ich einen immensen Druck. Immerhin sah ich jetzt schemenhaft aus der Ferne das Schild der nächsten Haltestelle. Und ich war bereit, wieder auszusteigen. Das Casting verlief okay. Es gab zwar nicht direkt einen gelben Recall-Zettel für das Weiterkommen, aber immerhin auch keinen Dieter Bohlen als Juror, und das war dann doch schon mal ein erster Zwischenerfolg. Ich merkte an diesem Tag, wie ich mich das ein oder andere Mal aus der Vogelperspektive betrachtete. Das war also jetzt meine neue Realität: Shuttle vom Flughafen mit persönlichem Fahrer, Studio, Scheinwerferlicht. Ich fühlte mich wie in der Wirklichkeit einer anderen Person oder als Protagonistin eines Traums, der nicht mir gehörte, sondern jemand anderem.

Das Casting in Köln sollte aber nicht das einzige bleiben. Nur kurze Zeit später meldete sich der Sportstreaming-Anbieter DAZN bei mir und lud mich zu einem Probetag nach München ein. Ein paar Kameras weniger, ansonsten das gleiche Set-up: ein Regieraum voller Bildschirme, ein hell beleuchtetes Studio und ein fachkundiger Experte. Ich war weniger angespannt als noch zuvor in Köln, fühlte mich gut vorbereitet und verließ das Casting mit einer Performance, die ich als zufriedenstellend empfand. Danach hieß es warten.

Eines aber war klar, dies war wieder einer dieser Textmarker-Momente, die im Rückblick grün, gelb oder rot unterstrichen werden würden.

Es vergingen Tage und Wochen. Alles on hold. Das Leben zog sich wie ein endloses Kaugummi. Und ich hatte keine Ahnung, wann der immer länger werdende, klebrige Faden endlich reißen würde. Es gab nämlich keinen Plan C. Es gab Plan A (Amazon Prime), und es gab Plan B (DAZN). Würde beides nicht klappen, bliebe da nur ein weißes Blatt Papier vor mir. DAZN meldete sich zuerst.

Es gab einen Anruf und ein stichpunktartiges Feedback in einem Word-Dokument. Ich fasse die wesentlichen Punkte zusammen: moderatives Handwerk okay, Auftreten und Look passen zur Marke DAZN, zu viel Mimik und zu viel Gestik, teilweise zu viel Expertise eingebracht, sodass der eigentliche Experte seine Bühne nicht nutzen konnte. Die genannten Gründe ergaben eine Absage.

Plötzlich war da wieder dieses vertraute Gefühl. Das Gefühl, zu präsent zu sein. Zu viel zu sein. Wie es der Chef der Sportschau bereits Jahre zuvor gesagt hatte: »Zu laut und zu bunt für vor der Kamera.«

Ich schien nie genau richtig zu sein. Als würde der Temperaturregler einer Heizung im Sommer immer auf fünf und im Winter immer auf eins stehen. Zwar eingestellt, aber nie passend. Dieser Umstand schmerzte mehr als die eigentliche Absage. Ich stellte mich als Person infrage, meine Qualitäten, meinen beruflichen Werdegang der vergangenen Jahre. Alles. Während ich bei Hertha BSC Zuspruch, Anerkennung und Wertschätzung erfahren hatte, erlebte ich nun die nicht mehr ganz so melodische B-Seite. Vom Selbstvertrauen-Fettpölsterchen war nicht mehr viel übrig. Nach der Absage von DAZN verabschiedete ich mich gedanklich auch von Plan A (Amazon Prime). Es würde wieder irgendwas zwischen »zu sehr dieses« oder »zu sehr jenes« sein. Irgendein »zu« würden auch sie schon finden.

Ich fing an, Bewerbungen zu schreiben. Dann eben doch wieder hinter oder zumindest nur vor die Nischenkamera, wo ein *zu viel* von irgendwas zumindest nicht so öffentlichkeitswirksam auffallen konnte. Redakteurin in der Formatentwicklung, Autorin für TV-Beiträge, Reporterin eines Verbrauchermagazins. Irgendetwas würde sich schon finden lassen. Shuttle, Studio, Scheinwerferlicht. Vielleicht war es eben doch die Realität einer anderen Person und nicht meine eigene gewesen.

Als ich mich vor meinem inneren Auge schon wieder mit Nilpferden im Zoo stehen sah, klingelte mein Telefon. Amazon Prime stand auf dem Display, und bei mir setzte Herzrasen ein. Nach einem hoffentlich cool wirkenden »Hi« meinerseits, sagte die Stimme auf der anderen Seite: »Lass uns das machen, Lena. Wir finden das Frische und Unkonventionelle toll an dir. Hast du Lust?«

Es war, als hätte jemand warmen Kakao in eine leere Tasse gegossen. Noch ein »zu viel« wäre zu viel gewesen. Ich sagte sofort zu.

In die Kombination aus Vorfreude und Genugtuung mischte sich aber auch Angst. Ein Wesen namens Impostor-Syndrom betrat die Bühne und übernahm kurzerhand die Vorstellung. Die Absage von DAZN hatte mich nachhaltig verunsichert. Ich hatte noch nie eine Liveshow in einem Studio moderiert. Wieso sollte ausgerechnet ich, ohne jede Vorerfahrung, geeignet sein? Vielleicht gehörte ich da wirklich nicht hin, vielleicht war ich eine Hochstaplerin, die spätestens nach der ersten Sendung auffliegen würde. Eine Liveshow mit fünf Kameras und einem TV-Kran. Wie absurd. Woher sollte ich überhaupt wissen, in welche der fünf Kameras ich gucken sollte? Wir alle kennen den unangenehmen Moment, wenn Moderator oder Moderatorin XYZ in die falsche Kamera spricht, und wir alle kennen den Impuls dann zu denken, jetzt guck mich doch endlich an, du Idiot. Ich wollte keine Idiotin sein. Ich wollte einfach nur an der nächsten Haltestelle ankommen. Was ich aber am allermeisten wollte, war, es der Zu-sehr-dies-zu-sehr-das-Fraktion zu beweisen. Also zog ich durch und vertraute auf die

Stimme am anderen Ende des Hörers, die mir sagte: »Wir finden das Frische und Unkonventionelle toll an dir.« Ich hatte mich beim Casting nicht verstellt, ich war so, wie ich bin, und sie mochten es. Ich war nicht *zu viel*, ich war genau richtig. Das nahm mir meine Angst. Genauso wie der Gedanke, dass es am Ende ja auch hier um Fußball ging, um die eine Sache, die mich mein Leben lang begleitet und beschützt hat: Was sollte da schon schief gehen?

Einige Monate und einige Champions-League-Shows später, ploppte eine Nachricht in meinem E-Mail-Postfach auf. Dreimal dürft ihr raten, von wem. Diejenigen unter euch, die auf den Sportchef tippen, muss ich leider enttäuschen. Das wäre vermutlich auch zu kitschig gewesen, und wir wissen, Kitsch gehört in französische Chansons und in die Schnulzen von Rosamunde Pilcher. Ein bisschen rührselig war es dann aber doch, denn die E-Mail kam von DAZN. »Wir haben uns schon zigmal geärgert, dass wir damals nicht mutig genug waren. Lass uns nochmal sprechen.« Einige Monate später hatte ich zur neuen Bundesligasaison meinen ersten Einsatz im Stadion mit DAZN-Mikrofon in der Hand. Und plötzlich funktionierte nicht nur Plan A, sondern auch Plan B.

Statt meine Zukunft zwischen Nilpferden im Zoo und Haustüren in Düsseldorf-Meerbusch zu verbringen, bestand meine Realität jetzt doch aus Shuttle, Studio und Scheinwerferlicht. Ich befand mich nicht mehr im Traum eines anderen, ich stand mittendrin in meinem eigenen Leben, und das bestand aus Fußball pur!

Neben der Arbeit für Amazon Prime in der Champions League reiste ich nun im Auftrag von DAZN ein- bis zweimal im Monat wahlweise ins Stadion oder ins Studio nach

München, um die Bundesliga-Übertragungen zu moderieren. Ein täglicher Fußball-Podcast, Fußball MML Daily, kam nach wenigen Monaten auch noch mit dazu. Täglich hören ihn mehrere Zehntausend Menschen. Es war die perfekte Kombination aus Wohlfühlen und Gefordert-Sein. Zwar war ich jetzt mehr unterwegs als zu Hause, und vier Städte pro Woche waren keine Seltenheit, sondern Normalität, aber all das gab mir und meinem Leben Bedeutung und Sinnhaftigkeit. Ich war jetzt mittendrin. Das, wovon so viele andere Leute träumen, ihr Hobby zum Beruf zu machen, ich hatte es geschafft. Keine lästigen Calls mehr, in denen man seine Kollegen verteufelt, weil sie das Anliegen auch in einer drei Sätze langen E-Mail hätten formulieren können. Keine sinnlosen, wochenlang vorbereiteten PowerPoint-Präsentationen, die dann sowieso niemand umsetzt. Kein stündlicher Blick auf die Uhr, um zu checken, wann man endlich, endlich nach Hause gehen kann. Für mich war alles, was ich jetzt tat, wertvoll, weil es mir wirklich wichtig war. Alles war live, ungefiltert und echt. Jeder Spieltag war anders, jede Partie hatte eine neue Geschichte, jede Show andere Gäste. Kein Alltag, nur Adrenalin. Und dann, inmitten dieser rasanten Fahrt nach oben, gab es wie aus dem Nichts einen ungeahnten Druckabfall.

LOVE LESSONS

Wusstet ihr, dass Menschen die einzigen Lebewesen auf der Welt sind, die weinen können? Sie sind vermutlich die einzigen Wesen, die wirklich begreifen können, wie tragisch das Leben sein kann.

Der Mensch vergießt in seinem Leben an die fünf Millionen Tränen. Das sind etwa achtzig Liter, eine halbe Badewanne voll. Es tut gut zu weinen, weil es deine Gefühle ordnet. Manchmal bleibt nach einem Meer aus Tränen aber auch nur eine Empfindung: Leere. Ich saß im Spätsommer 2023 allein auf dem Boden meiner Wohnung, die so leer war wie mein Herz. Nach sechs Jahren Beziehung und einer noch frischen Verlobung war auf einmal Schluss. Mehr als ein halbes Dutzend Jahre hatte ich mit diesem Menschen verbracht. So viel Zeit wie nur mit wenigen anderen. Der Aufprall war hart. Die neue Realität? Ich war ohne jede Vorwarnung plötzlich allein. Nur ich. Das machte mir Angst.

Es war ein Montag, 19 Tage nach meinem neunundzwanzigsten Geburtstag und der Todestag meines Vaters. An diesem Tag im Jahr 2023 schlief ich das erste Mal allein in einer Wohnung, die jetzt mein neues Zuhause sein sollte. Zweiter Stock, Vorderhaus, Berlin-Neukölln, nähe Hermannplatz. Epizentrum der hauptstädtischen Tristesse aus Dreck und Lärm. Immerhin Holzdielen und Altbau.

Als wir uns kennengelernt hatten, war ich 22 Jahre alt, irrte ohne Kompass umher und lief ständig in die falsche Richtung. Sie war neun Jahre älter und entsprach natürlich meinem Beuteschema. Ich hatte ein Martina-Gefühl (und vermutlich einen Mutterkomplex) und erfuhr mit ihr das erste Mal den Unterschied zwischen Verliebtheit und Liebe. Als wir uns nach monatelangem Chatten endlich trafen, dachte ich, dass ich die Frau meines Lebens gefunden hätte.

Unser erstes Date ging vier Tage lang, danach sahen wir uns sechs Jahre lang, so oft es nur ging. Ich zog zu ihr nach Berlin, unser Hund Fa(r)bio kam dazu, und wir richteten unsere erste gemeinsame Wohnung ein. Ich hatte allerspätestens da wieder dieses wohlig-friedliche Gefühl in mir, das eine Familie ausmacht. Seit dem Tod meines Vaters hatte ich es nicht mehr gespürt. Ihre Liebe gab mir Sicherheit. Selbst wenn ein Traum, eine Hoffnung zerplatzen würde, wäre die Landung weich.

Mit dem Platz für Träume gab es aber auch Platz für höhere Ansprüche. Je älter ich wurde und je länger wir zusammen waren, desto mehr wollte ich absolute Überzeugung, Hingabe, Erfüllung, Begeisterung. Manch einer würde sagen: Perfektion. Bei mir selbst, im Beruf, in Freundschaften und auch in der Liebe.

Während ich mich in der Beziehung wie eine Biene vom Blütennektar ernährte, verlor die Pflanze selbst immer mehr Blätter.

Verliebtheit ist mit viel Träumerei und Idealisierung verbunden. Liebe dagegen ist zwar auch ein Gefühl, aber mehr noch eine Entscheidung, die man immer wieder neu trifft. Ich aber wollte beides.

Nach sechs Jahren Beziehung ändert sich oftmals die Währung. Statt Leidenschaft zählt Verbundenheit. Statt

Zärtlichkeit Geborgenheit. Aus »Ich habe dir Blumen mitgebracht« wird »Kannst du noch Klopapier kaufen?«. Ich wollte aber Blumen statt Klopapier. Jeden einzelnen Tag. Ich scheiterte an den von mir eigens auferlegten Standards.

Wann merkt man, dass eine Beziehung zu Ende geht? Gibt es den einen großen Knall, den großen Tag X, oder ist es vielmehr ein schleichender Prozess, die Aneinanderreihung von Wiederholungen, die das Gefühl der Entfremdung befeuert?

Bei mir gab es einen Tag X. Das merkte ich allerdings erst Wochen später. An unserem sechsten Jahrestag machte sie mir einen Heiratsantrag. Auf Ibiza am Strand mit Sternenhimmel und Meeresrauschen. Es war perfekt. In diesem Augenblick war ich überzeugt, dass dies alles, auf der Liege am Strand mit dem goldenen Diamantring am Finger, die ultimative Erfüllung für mich sei. Ein Heiratsantrag. Mehr Verbindlichkeit und Hingabe geht nicht. Ich sagte ja, weil ich sie liebte.

In den Tagen nach dem Antrag stellten mir alle die gleiche Frage: Und? Wie fühlst du dich? Ja, gute Frage. Wie fühlte ich mich? Sollte ich gerade nicht der glücklichste Mensch der Welt sein? Liebestrunken taumelnd? Sediert von Schmetterlingsgefühlen? Aber mein Körper sendete mir trotz des funkelnden Diamanten an meinem Finger andere Signale. Wir wollten etwas darstellen, was wir ganz offensichtlich nicht mehr waren. Wir waren im Koordinatensystem der Liebe nicht mehr auffindbar, hatten uns mit jedem Jahr immer weiter von unserem gemeinsamen Ursprung entfernt. Einen Schnittpunkt gab es nicht mehr. Ich wollte das eine, sie das andere, und ich merkte: Der Verlobungsring beruhigte meine Ängste, aber er befriedigte nicht mein Herz.

Während alle dachten, als frisch Verlobte hätte ich die

beste Zeit meines Lebens, war es genau das Gegenteil. Obwohl ich mehrmals die Woche scheinbar bestens gelaunt in irgendeine Kamera lächelte, legte ich mir vor jeder Show zwei kleine eiskalte Teelöffel auf die Augen, damit ich sie nach den durchweinten und schlaflosen Nächten überhaupt aufbekam. Ich trug meinen zweiteiligen Hosenanzug wie ein Kostüm an Karneval über meiner immer dünner werdenden Haut. Verkleidet als glücklich, erfolgreich und souverän.

Acht Wochen nach dem Antrag trennten wir uns. Damit hatte ich nicht nur meine Beziehung beendet, sondern auch meine Familie aufgegeben.

Als ich Ende Oktober meine letzten Klamotten in schwarze Müllsäcke stopfte, um sie aus unserer gemeinsamen Wohnung zu transportieren, hätte ich mich am liebsten selbst mit hineingesteckt. Und so durchlief ich in den nächsten Monaten die komplette Klaviatur des Liebeskummers. Coldplay, Heulkrämpfe, sinnloser Konsum von Dingen und Sachen, die man nicht braucht, wieder Coldplay, Zigaretten, Sport, Hungern, und wenn's ganz schlimm wurde, tauschte ich Coldplay gegen Céline Dion. *All by myself, Don't wanna be, ALL BY MYSEEELF, Anymore.*

In einer schlaflosen Nacht kaufte ich mir für meine neue Küche rosafarbene Fliesenfolie für einen dreistelligen Betrag. Konsum ist Kompensation. Ich klebte also achthundert Euro teure Fliesenfolie als rosafarbenes Pflaster über mein kaputtes Herz. Diese fünf Quadratmeter selbstklebende Vinylfolie hatten mehr Halt als ich in dieser Zeit.

Ich sah aber eine Frau, die sich in ihrer Bridget-Jones-Rolle irgendwie auch gefiel. Ich empfand mich zwar als unheimlich peinlich, aber nach Jahren der emotionalen

Gleichmäßigkeit fühlte ich zumindest wieder etwas. Lieber kaltes Wasser als gar kein Temperaturgefühl.

Wer ein gebrochenes Herz hat, der landet früher oder später verrotzt und zusammengekauert bei Notting Hill. So auch ich. Geteiltes Leid ist halbes Leid.

Es gibt eine Szene im Film, in der sich Hugh Grant und Julia Roberts das Bild *La Mariée* (Die Braut) von Marc Chagall anschauen. Auf dem Bild ist eine junge Frau mit weißem Schleier und leuchtend rotem Kleid zu sehen. In ihrem Schoß liegt ein grün-weißer Brautstrauß. Sie schwebt von links unten in die Mitte des Bildes hinein. Das restliche Gemälde ist in tiefe Blau- und Grüntöne getaucht. Neben der Braut zeigt die Leinwand eine männliche Figur, die den Schleier der Frau zurechtrückt, eine Geige spielende Ziege, einen Fisch, der eine Kerze in der Hand hält, einen Flöte spielenden Mann, einen Hahn und ein Mädchen mit Zöpfen. Es soll wohl eine Hochzeitsgesellschaft darstellen. Irgendwo habe ich gelesen, dass durch den Kontrast zwischen der leuchtend roten Figur der Braut und der trüben Melancholie des Hintergrunds ein Verlust angedeutet werden soll. Die sehr menschlich dargestellten Tiere sollen die Vermischung von realer und imaginärer Welt veranschaulichen.

Was in meinem Leben gerade real oder imaginär war, wusste ich auch nicht mehr so recht. Na ja. Nachdem sich Hugh und Julia das Bild angeschaut haben, sagte Julia den berühmten Satz: »Happiness isn't happiness without a violin-playing goat!«

In meinem Leben gab es zu dieser Zeit weder eine Braut noch einen Geige spielenden Ziegenbock, nur einen begossenen Pudel. Und dieser begossene Pudel war ich. Chagall, hol deine Farben raus. Auch hier gibt es ein verlockendes Bild des Verlustes auf die Leinwand zu bringen. Wie es im

Leben manchmal so ist, kann es passieren, dass man in schwierigen Phasen genau den Menschen begegnet, die man in dieser Situation besser nicht getroffen hätte. Wer dich berührt, kannst du dir leider nicht aussuchen. Also, bereit für die Rückseite meiner Herzschmerz-Schallplatte?

Auf einer Party nahm sie mir meinen angelutschten Lolli aus der Hand und steckte ihn sich selbst in den Mund. Sexy, dachte ich. Selbstbewusst, dachte ich. Das könnte gefährlich werden, dachte ich. Damit hatte sie mich. Wer war diese Frau?

Es war fast Winter, das Leben schwer und meine Hautfarbe irgendwas zwischen Kalkstein und blassgrauem Schmirgelpapier. Alle waren auf der Suche nach jemandem zum Überwintern. Der perfekte Zeitpunkt, um sich so richtig den Kopf verdrehen zu lassen. Da standen wir also an der Bar. Sie die lockigen Haare zum Dutt nach oben gesteckt. Schwarzes T-Shirt, Denim-Jeans und bis zu den Knöcheln hochgeschlossene dunkelgrün-schwarze Basketballschuhe, die aus dem Intro von *Der Prinz von Bel-Air* hätten stammen können. *Now, this is a story all about how my life got flipped-turned upside down. And I'd like to take a minute, just sit right there, I'll tell you how I became …*

Der Text passte also schon mal. Ich stand ihr mit einem Leder-Zweiteiler bei fast tropischem Club-Klima gegenüber. Ich schwitze aber aus anderen Gründen. Ihr fielen zwei lockige Strähnen aus dem Dutt über ihre Wangen ins Gesicht. Süß ist sie also auch noch, Mist. Fünf Minuten später war ich um ein paar Schweißperlen und Erkenntnisse reicher: 32 Jahre, aufgewachsen in einer Kreisstadt in Baden-Württemberg, Sternzeichen Krebs, Lieblingssport Tennis, Italienisch studiert. Amore mio! Auch das noch.

Wir verbrachten die nächsten Stunden, als hätte uns jemand mit einem Pritt-Stift aneinandergeklebt. Grundschule, Familie, Dos and Don'ts, Ballerinas, Sneaker-Söckchen bei Männern, Kochutensilien, CDU, Gendern, wir sprachen über alles.

Ich bezahlte den Wein für sie, sie das Bier für mich. Es fehlte nur noch Colin Firth, und es wäre die perfekte RomCom gewesen: *Ein Lockenkopf zum Verlieben, Liebe auf Umwegen* oder *Pride, Proud, Love* – sucht es euch aus.

Am nächsten Tag sahen wir uns wieder. Wir waren mit der gleichen Gruppe auf irgendeiner Party unterwegs. Jetzt bloß nicht durchdrehen. Cremant No. drei in der Hand und unsere Blicke trafen sich in der Menschenmenge. Wir standen gemeinsam in der Kloschlange. Wir waren albern, federleicht, schier unbesiegbar. Bonnie und Clyde, Thelma und Louise, sie und ich. Eine logische Aufzählung prominenter Verbrecherduos.

Und dann kam dieser eine Augenblick, in dem aus Spaß plötzlich Ernst wurde. Ironischerweise beinhaltete dieser Moment einen klebrigen Chupa-Chups-Lolli, Geschmacksrichtung Cola. Sie warf mir einen lasziv-verführerischen Blick zu, der komischerweise kein bisschen unangenehm war. Dann nahm sie mir den Lolli aus der Hand, schaute ihn kurz an, als wolle sie ihm ein kleines Versprechen geben und schob ihn sich in den Mund. Drehte ihn zwischen ihren Lippen zweimal nach rechts und zweimal nach links. Ich fixierte den Lolli mit meinem Blick. Er wanderte von den Lippen tiefer in ihren Mund. Auf der Außenseite ihrer Wange bildete sich eine kleine Beule, und ich wusste sofort: Das ist der Anfang vom Ende. Selbstbewusste, starke, freche, Frauen, die sich nehmen, was sie wollen? *Oh, mamma mia, mamma mia. Mamma mia, let me go.*

Wir küssten uns an diesem Abend das erste Mal. Zum Glück ohne Chupa Chup, dafür aber mit ordentlich Herzklopfen. Geschmacksrichtung: vielversprechend. Als sich unsere Lippen berührten, kribbelte es von meinem kleinen rechten Zeh bis hin zu meinem linken Ohrläppchen. Der Kuss besiegelte das Happy End zweier gemeinsamer Pritt-Stift-Tage. Colin Firth gefällt das.

Aus zwei Tagen wurden Wochen. Aus grauen Herbsttagen wurden bitterkalte Winternächte. Aus dem Flirt wurde Verliebtheit. Aus Fremden wurden Vertraute, die ihr Herz ein bisschen öffneten. Der gemeinsame Weg zur Post wurde zu einem Abenteuer. Hand in Hand einkaufen gehen und Milch, Rohrreiniger und Klopapier aufs Band legen? Hell yes, könnte es etwas Besseres geben? Verliebt sein ist wie eine Lupe fürs Herz. Es lässt selbst Gewöhnliches besonders erscheinen. Als die bunten Blätter gingen und der Schnee kam, sanken aber nicht nur die Temperaturen. Verliebt sein bedeutet auch immer Fallhöhe. Ob aus Verliebtheit Liebe werden kann, merkt man erst, wenn's schwer wird. Mein Herz war nach einer geplatzten Verlobung und sechs Jahren Beziehung natürlich noch beschädigt.

Ich war in die Idee verliebt gewesen, wieder verliebt zu sein. Dabei geht es nach so einer kurzen Zeit selten darum, wer diese Person eigentlich ist, sondern vielmehr darum, welches Gefühl sie in einem ausgelöst hat. Ich sehnte mich nach diesem angenehmen Zustand zwischen Leichtigkeit, Naivität und Schwerelosigkeit, und als dieser mit ihr wieder verschwand, blieb da nur der alte Riss, der sich jetzt ungehindert weiter durch mein Herz ziehen konnte.

Eine gute Freundin sagte zu mir zwischen Heulkrampf drei und vier: Herzschmerz geht erst vorbei, wenn man etwas gelernt hat. Nach Monaten der Trauer war ich zwar sechs Kilo leichter, aber um zwei Lehren reicher: Zweimal Liebeskummer innerhalb eines Jahres ist definitiv einmal zu viel. Manchmal besteht ein Happy End einfach darin weiterzugehen.

DER EIN-PERSONEN-TISCH

Benedict Wells schrieb in seinem Roman *Vom Ende der Einsamkeit* den so wunderbaren wie wahrhaftigen Satz: »Eine schwierige Kindheit ist wie ein unsichtbarer Feind. Man weiß nie, wann er zuschlagen wird.«

Ich bin mir ziemlich sicher, dass dieser unsichtbare Feind vor allem in der Liebe besonders oft zum Schlag ausholt. Erst links, dann rechts und noch mal eine Rechts-Links-Kombination. Man taumelt, man fällt, man geht k. o. Das blutende Herz hängt kraftlos in den Seilen, und man wirft das Handtuch.

Die erste Liebesbeziehung eines Lebens ist die zu den Eltern. Schon von klein auf merken wir, dass Liebe nichts ist, was man sich aussuchen kann. Man hat keinen Einfluss darauf, welche Art der Liebe einem in die Wiege gelegt wird. Man ist seinen Eltern schutzlos ausgeliefert. Als würde man mit einem kleinen Teelöffel in einen mittelalterlichen Schwertkampf ziehen und versuchen, sein Herz gegen eine dreieinhalb Meter lange Liebeslanze zu verteidigen. Läuft in dieser ersten Liebesbeziehung zu den Eltern etwas schief, brennt es sich unterbewusst wie ein Mahnmal in unser Liebes-Ich. Wir ziehen das Gelernte, Verletzte, Enttäuschte wie Blechdosen am Heck eines Hochzeitsauto hinter uns her. Der Lärm der Büchsen wird die unergründliche Hintergrundmusik unserer Bedürfnisse, und wir bemühen uns kläglich unser Leben lang, dazu im Takt zu tanzen.

Seit meinem 16. Lebensjahr und der ersten romantischen Beziehung war ich nicht mehr allein mit mir gewesen. Im Frühjahr 2024 wollte ich mir beweisen, dass ich es kann, und fuhr das erste Mal in meinem Leben allein in den Urlaub. Sevilla, Andalusien. Ich wollte endlich die Frequenz ändern. Ich wollte andere Musik. Meine Musik.

Nach ein paar Tagen in der andalusischen Sonne bestand ich zu einem Drittel aus kalorienreichen Tapas, zu einem Drittel aus Cruzcampo (Cerveza Elaborada Con El Sol De Andalucia) und zu einem Drittel aus schwer verdaulichen Lebensfragen. Allein in den Urlaub fahren. Das fühlte sich am Anfang an wie ein Scheitern. Alleinsein roch nach Verbitterung. Das Gütesiegel für ein erfülltes Leben gibt es nur, wenn du nicht allein bist. Das war neben der Tatsache, dass die Nachspeise Torrija (spanische Arme Ritter) einen eigenen Michelin-Stern verdient hätte, die überraschendste Erkenntnis.

Die Stadt war voll, und wenn man ein Plätzchen zum Essen finden wollte, musste man vorher reservieren. Das Problem war nur: Man konnte kaum irgendwo einen Tisch für eine Person reservieren. Ich hatte mir darüber noch nie bewusst Gedanken gemacht, weil ich bis dahin immer zu zweit durchs Leben gegangen war. Und plötzlich wurde mir als Single zur Strafe das Ticket zur gesellschaftlichen Teilhabe entzogen.

Die allgemeine Überzeugung, man bräuchte einen Partner, um vollkommen zu sein und im allerbesten Fall noch zwei Kinder, einen VW Passat, einen Bausparvertrag und ein eigenes Haus (für die Altersvorsorge natürlich), ist tief in unserer Gesellschaft verankert. Eine gedankliche Schranke, mit der wir sozialisiert worden sind. Sich von ihr leiten zu lassen, kann einen weit weg von sich und seinen Bedürfnissen bringen. Es kann einen sogar davon abhalten, sich jemals zu fragen, was die eigenen Bedürfnisse überhaupt sind. Den eigenen Pfad zu finden, ist definitiv anstrengender, aber die Aussicht ist einzigartig.

Halb trotzig, halb sauer und um mich doch vom Gegenteil zu überzeugen, googelte ich so lange, bis ich ein Restaurant fand, in dem man einen Tisch für eine Person reservieren konnte. Mein mittlerweile nach Frittierfett süchtiger Magen musste besänftigt werden. Als ich endlich die Bestätigungsmail öffnete, stand dort der kurze und alles sagende Satz: »Reservierung bestätigt für 1 Personen.« Da hatte ich es schwarz auf weiß. Allein essen zu gehen, war wirklich ein Defekt im System. Ein Fehlercode in der Matrix. Ab sofort war ich »1 Personen«.

Ein paar Stunden später saß ich triumphierend und mit breitem Grinsen an meinem Ein-Personen-Tisch. Zwischen frittierten Anchovies und eingelegten Fleischbällchen überlegte ich, wie ich an diesen Punkt in meinem Leben gekommen war. Wie bei einer reifen Avocado ist alles eine formbare Masse. Drückt man ein bisschen hier und ein bisschen da, verändert sich die Form. Nur das Innere, der Kern, ist fest, robust und druckresistent. Ein Ausgangspunkt, auf den man immer wieder zurückfallen kann, wenn sich die Form verändert. Doch woraus genau bestand mein Avocadokern?

Ich ging spazieren. Vorbei an den prunkvollen Kathedralen schlängelte ich mich durch die engen, schattigen Gassen (es gibt nicht ein hässliches Haus in Sevilla?!) und bewunderte eine anmutige Straßentänzerin, die unter den aufmerksamen Augen zahlreicher junger Männer mindestens drei Herzen stahl. Ich lief durch den Parque de María Luisa und beobachtete, wie sich eine Mischung aus Ente und Truthahn (Körper wie eine Ente, Kopf wie ein Truthahn) die Federn putzte. Währenddessen versuchte ich, meine Gedanken Marie-Kondō-artig zu sortieren. Kondō ist ein japanischer Lifestyle-Coach, die mit ihrer Konmari-Methode des Aufräumens berühmt geworden ist. Bei ihr liegt der Fokus darauf, nur die Dinge zu behalten, die einen glücklich machen. Man sammelt zum Beispiel seine gesamte Kleidung zusammen und legt sie auf einen großen Haufen. Dann beginnt das Sortieren: Jedes Kleidungsstück wird einzeln in die Hand genommen. Man stellt sich folgende Fragen: Macht dieses Kleidungsstück mich glücklich? Brauche ich es zum jetzigen Zeitpunkt? Alles, was keine Freude bereitet oder nicht passt, wird weggegeben. Die Teile, die man behält, bekommen einen festen Platz, an den sie immer wieder zurückgelegt werden müssen.

Die ganzen letzten Monate war ich innerlich schon am Ausmisten gewesen. Zwar keine Klamotten, dafür aber mein Leben. Große Haufen voller Vergangenheit, Gegenwart und Zukunft. Gefühle, Empfindungen und Unsicherheiten. Was sortiere ich aus, was will ich behalten? Ich war aktuell ziemlich erfolgreich in meinem Job, meine Karriere nahm Fahrt auf, und ich bekam fast wöchentlich Anfragen für neue Projekte. Der berufliche Erfolg war zu einer tragenden Säule in meinem Leben geworden. Die anderen Säulen erwiesen sich als wacklig und fragil. Dass meine Familie einen morschen Stammbaum mit besonders gebrechlichen Ästen hatte, wusste ich spätestens seit dem Tod meines Vaters. Die Krebserkrankung meiner Mutter brachte mir die traurige Gewissheit.

Ich versuchte, zu verstehen, warum die einzige Konstante

in meinem Leben der berufliche Aufstieg war und was das für mich eigentlich bedeutete. Es sollten Wochen und Monate vergehen, bis ich wirklich verstand, warum das so war. Es war der einzige Bereich meines Lebens, durch den ich mit eigener Kraft komplett allein gegangen bin. Das Verlässliche war nicht der berufliche Erfolg, das Verlässliche war ich.

Nach meinem triumphalen Ein-Personen-Tisch-Date besuchte ich in der Abenddämmerung eine Flamenco-Show. Der Tanz hat in Andalusien seinen Ursprung und drückt sowohl explosive Lebensfreude und Rebellion als auch Schmerz, Not und tiefe Verzweiflung aus. Ich war also genau richtig. Erstaunlicherweise klappte die Online-Reservierung für eine Person hier auf Anhieb. Als ich die Tür zum Tanzsaal öffnete, wusste ich wieso. Es war leer. Lediglich der Kellner schnitt ein paar Orangen hinter der Bar und lächelte mich halb verlegen, halb erstaunt an. Es gab Sangria for free. Ich stürzte gleich zwei hinunter. Gibt's was Schlimmeres, als an einem Freitagabend allein bei einer Flamenco-Show zu sein? Die Webseite war komplett auf Spanisch gewesen, vielleicht hatte ich auch etwas überlesen? Ich saß schon allein in meiner Stuhlreihe, als noch ein betagtes Ehepaar hereinstolperte. Nichts überlesen also. Mehr wurden wir dann aber auch nicht. Meine ganz persönliche Party-Crowd. TGIF. Nach der einstündigen Show und viele innige Momente später (die Tänzerin hatte sich bei ihren Blicken gegen das Ü70-Duo und für mich entschieden) machte ich mich mit leicht geröteten Wangen (natürlich vom Sangria) auf den Heimweg. Allein sein hat eben auch seine Vorteile, dachte ich. Aus meiner gebuchten Flamenco-Show wurde immerhin fast so was wie ein private dance.

EINSAM SEIN

»In der Einsamkeit lernst du, dich selbst zu lieben.«

»Einsamkeit ist eine Brücke zu deinem inneren Frieden.«

»Einsamkeit kann dich formen und stärker machen.«

»In der Leere der Einsamkeit findest du die Fülle deiner inneren Welten.«

Wenn einem das Thema Einsamkeit im Alltag mal begegnet, dann meistens so. Wenn denn dieses schambehaftete Thema überhaupt mal in den Fokus der Aufmerksamkeit rückt, dann muss es natürlich auch ja selbstoptimierend und positiv verpackt werden, damit es dadurch bitte, bitte, bitte ein bisschen weniger unangenehm wird. Wieso traut sich eigentlich niemand darüber zu sprechen, dass man sich einsam fühlt? Ach ja, stimmt. Eigentlich sind wir ja alle immer superbusy und supererfolgreich und ganz generell läuft ja ohnehin alles total toll mit der Liebe und den Freunden sowieso und natürlich steht die nächste Gehaltserhöhung vor der Tür, und auf jeden Fall hat sich die Hundert-Euro-Fitnessstudiomitgliedschaft gelohnt, weil man drei-, ach ne sogar viermal die Woche ins Gym geht. Wir sind alles Gewinner, und wer einsam ist, ist ein Loser.

Laut einer Erhebung des Bundesinstituts für Bevölkerungsforschung (BiB) zur Einsamkeit aus dem Jahr 2022 fühlt sich jeder Dritte zwischen 18 und 53 Jahren zumindest teilweise einsam, zuletzt mit deutlich steigender Tendenz. Die Forschungsgruppe analysierte die Entwicklung von Einsamkeit in der Zeitspanne von 2005 bis 2022 und stellt fest: Vor allem in den letzten fünf Jahren hat das Gefühl der Einsamkeit in Deutschland erheblich zugenommen. Während von 2005 bis 2017 der Anteil der Einsamen im jungen und mittleren Erwachsenenalter recht stabil zwischen 14 und 17 Prozent lag, ist er mit Beginn der Coronapandemie im Jahr 2020 sprunghaft auf knapp 41 Prozent (!) angestiegen, ein Jahr später sogar auf fast 47 Prozent (!!). Nach jüngsten Messungen aus dem Winter 2022/2023 sank das Gefühl der Einsamkeit wieder auf 36 Prozent ab, liegt aber immer noch deutlich über dem Niveau vor der Pandemie.

Als erstes Land weltweit hat Großbritannien ein Ministerium für Einsamkeit ins Leben gerufen. Seit 2018 koordiniert es Hilfe, um Menschen aus der Isolation und der Anonymität zu holen. Neun Millionen Briten gelten als einsam. Es gibt offensichtlich ganz viele Loser. Überall. Wir sind eine Generation der Einsamen, und niemand will drüber sprechen.

Es gibt auch bei mir zahlreiche Momente, in denen sich das Gefühl der Einsamkeit in jeder meiner Zellen ausbreitet, festbeißt und mich tagelang nicht mehr loslässt. Die Einsamkeit kommt spätabends durch den Schlitz der Hotelzimmertür, wenn man nach langen Arbeitstagen adrenalingeladen im anonymen Hotelbett liegt. Die Namen und die Ausstattung der Hotels wechseln, aber in puncto Seelenlosigkeit sind sie alle gleich. Die Einsamkeit sitzt plötzlich neben mir im Zug, wenn ich sonntags nach einer Produktion spätabends aus München nach Berlin zurückfahre und mich um 2 Uhr nachts außer der kalten Hauptstadtluft niemand am Bahnhof in Empfang nimmt. Sie schleicht sich nach einem Abend mit Freunden auf dem Nachhauseweg zu mir und geht im Gleichschritt mit dem Wissen, dass zu Hause niemand auf mich wartet. Teilweise fühle ich mich sogar einsamer, je mehr Menschen um mich herum sind. Äußerlich bin ich Teil von ihnen. Innerlich bin ich allein. Die Masse an Menschen formiert sich zu einer riesigen Wand der Projektionen. Glückliche Familien, verliebte Pärchen, ausgelassene Freundesgruppen, die sonntagabends von einer gemeinsamen Feier auf dem Nachhauseweg sind. Sie alle führen mir vor Augen, was ich nur selten habe. Zwei Shows moderieren, zwei Podcasts hosten, die Talkshowauftritte, das Reisen, die Wochenendarbeit, all das hat mich ein Stück weit isoliert.

Für den beruflichen Aufstieg habe ich einen Preis bezahlt: Sich einsam zu fühlen ist auf dem Weg nach oben ein ständiger Begleiter geworden. Vom Seitenrand in die Primetime ist das Einsamkeitsgefühl einfach immer weiter mitgewachsen.

Wir alle machen uns vor, nicht einsam zu sein, und wir alle fallen darauf rein. And the Oscar goes to … Das perfekte Schauspiel. Das Leben als Theaterbühne und wir als Marionetten. Geschöpfe, die, an unsichtbaren Fäden hängend, alle das gleiche Spiel spielen. Ein ausgetüftelter Selbstbetrug, um die Fassade aufrechtzuerhalten.

Manchmal führt die Einsamkeit auch zu fragwürdigen Entscheidungen. Nicht selten melden sich Menschen genau in solchen Phasen bei einer Dating-Plattform an. So auch ich. Die Anmeldung ist mit der naiven Hoffnung verbunden, dass ein Like, ein Herz, ein Chatfenster, ein gemeinsamer Drink als Balsam für die vereinsamte Seele dient. Das Interesse von jemand anderem wird das traurige Gefühl in mir schon kleiner werden lassen. Man ist ja nicht einsam, wenn man zu zweit ist, oder?

»Die beidseitige Absichtslosigkeit ist das stärkste Band einer intimen Verbindung, weil an die Stelle von druckgeschwängerten Erwartungen echter und ehrlicher Gefühlsaustausch tritt.« Das hatte ich irgendwo mal in einer ausgelegten Zeitschrift gelesen, und es meinte, weniger verklausuliert: Ich wollte einen Gefühlsaustauch mit einer anderen Person, um mich nicht mehr einsam zu fühlen.

Erste Male bedeuten auch immer, etwas Neues über sich und die eigene Persönlichkeit kennenzulernen. Ich war zuvor noch nie auf einer Dating-Plattform angemeldet. Viele Ichs von mir kannte ich schon. Dieses nicht. Ich kannte die Freundin, ich kannte die Partnerin, ich kannte die Schwester, ich kannte die Tochter, ich kannte die Fußballerin, ich kannte die Sportjournalistin. Wer war aber eigentlich die Daterin?

Die Erkenntnisse über das Dating an sich waren schneller da. Beim Dating lügt man genauso wie beim Thema Einsamkeit. Man macht sich schlauer, man macht sich interessanter, man macht sich gelassener. Die eigenen Konturen verblassen, bis zur Unkenntlichkeit. Aus Herausforderungen werden Chancen. Aus Schwächen werden süße Macken. Aus Ecken und Kanten werden Werkzeuge zum Festhalten. Wir benutzen die Übertreibung, den Superlativismus als Schutzschild für die eigentlichen Gefühle. Die, die uns demaskieren. Bloß nicht zu viel preisgeben, das Dating-Naturgesetz. Das Bild von uns soll möglichst vage gezeichnet sein. Mit Blei- statt Filzstift. Damit es zum einen länger interessant bleibt und zum anderen noch korrigiert werden kann. Immer die Möglichkeit bedenkend, dass das Gesagte vielleicht doch nicht so gut ankommt und der Radiergummi rausgeholt werden kann. Auf die Frage, wie die Arbeit war, antworten wir mit

»total inspirierend« und erzählen von »echt coolen, spannenden Projekten«. Den Sonntag verbringen wir nach dem morgendlichen Pilates natürlich in einer Ausstellung zur zeitgenössischen Gegenwartskunst und ganz sicher nicht verkatert mit Laptop im Bett. Statt Love Island schauen wir Arte-Dokus. Und wir alle lieben, lieben, lieben Naturweine. Wir tanzen selbstverständlich mehrmals die Woche taktsicher zu oxidativen Noten und Tee-artigen Tanninen. Wertvoller Inhaltsstoff für die Gebrüder Grimm. Ach, wie gut, dass niemand weiß, dass ich Rumpelstilzchen heiß! Wir bauen uns unsere eigenen Dating-Avatare auf fiktiven Monden wie Hinge, Bumble oder Tinder. Eine Legendenbildung, an der die Realität zerschellen soll.

Neben abstrakter Märchenstunde bewegt sich Dating aber auch in einem konkret faktischen Bereich. Ein ausgetüfteltes Zahlenspiel, basierend auf irreversiblen Datensätzen. Auf zwanzigmal nach links wischen folgt einmal nach rechts wischen. Aus fünfmal nach rechts wischen folgt mit viel Glück ein Match. Dating-Math.

In einer immer illusionsärmeren Welt wollte ich eigentlich noch nicht zurück in die Realität. Ich wollte noch ein bisschen im perfekten Dating-Universum bleiben und mich weniger einsam fühlen. Auf dem fiktiven Mond mit den unseren Idealen entsprechenden Avataren, die sich gegenseitig Lügenmärchen erzählten.

Erwachsensein bedeutet aber nicht nur den Verlust von Illusionen, sondern auch die Akzeptanz der Wirklichkeit, und die Wirklichkeit war, dass die Aneinanderreihung zahlreicher Dates nicht zu weniger, sondern sogar zu mehr Einsamkeit bei mir führte. Durch das ständige Maskieren und Vorgaukeln, jemand zu sein, der man eigentlich gar nicht ist, verlor ich mich nach und nach selbst. Man saugte mich aus, ich verausgabte mich, versuchte, das perfekte Schauspiel aufrecht zu erhalten, und kehrte dann leer und einsamer als zuvor zurück in meine eigene Realität.

Nach stundenlangem Rechts-und-links-Gewische und zahlreichen Dates kehrte ich mit der Einsicht zurück: Ideale sind toll, aber Märchen sind etwas für Kinder. Ich bin aber erwachsen. Das bedeutet, der Realität ins Auge zu blicken, und zu dieser gehören einsame Momente mit dazu. Statt sie mit virtuellen Herzchen und flüchtigen Bekanntschaften zu überdecken, sollte ich versuchen, sie zu akzeptieren. Zu zweit sein heißt nämlich nicht unbedingt, nicht einsam zu sein. Diese Rechnung geht nicht auf, weil Einsamkeit nicht skalierbar ist. Die zahlreichen Dates sollten bei mir eine Lücke füllen, die sich aber nicht mit beliebigen Menschen füllen lässt. Einsamkeit bedeutet, sich nicht verstanden zu fühlen. Nicht gesehen zu werden. Kein Gehör zu bekommen. Wieso hatte ich gehofft, gesehen zu werden, wenn ich mich doch die ganze Zeit maskiert und versteckt habe? Einsamkeit geht auch zu zweit, das wusste ich jetzt.

Sich einsam zu fühlen ist scheiße, aber wir sind nicht allein damit. Wir alle sind mal Gewinner und mal Loser. Uns das einzugestehen und darüber zu sprechen, ist schon der erste Schritt zu weniger Einsamkeit.

UND JETZT?

In frisch geputzten Loafern aus Echtleder und einem beige-schwarz-gesprenkelten Hugo-Boss-Zweiteiler betrete ich den durch eine breite Fensterfront einsehbaren Raum. Sushi, Rinderfiletspitzen und kleine Romanasalat-Schiffchen stehen hübsch drapiert auf einem Glastisch. Holzschüsseln mit Panna cotta und ein nicht zuzuordnendes Butter-Crumble-Dessert stehen wenige Meter daneben.

Zwei Hostessen stehen hinter der Bar und begrüßen mich mit einem perfektionierten Madame-Tussauds-Lächeln. Beide tragen die gleiche zu enge weiße Bluse, den gleichen schwarzen Rock in Kombination mit Nylonstrumpfhosen und zehn Zentimeter hohen Lackpumps. Outfits aus der Büro-Sitcom-Hölle der Neunzigerjahre. Die Frage, ob sie die Sachen wohl freiwillig tragen, verwerfe ich, ehe ich sie überhaupt gedacht habe. Sie bieten mir ein Glas Champagner an. Ich lehne ab und bekomme stattdessen ein alkoholfreies Peroni gereicht. Einen Espresso bestelle ich direkt hinterher.

Die letzten Wochen sind anstrengend gewesen. Ein Talkshowauftritt schloss sich an den nächsten an, dazu zwei parallellaufende Formate zur Europameisterschaft und der tägliche Fußballpodcast. Manchmal wache ich morgens auf und weiß minutenlang weder, wo ich bin, noch welcher Wochentag es ist. Ich bin ausgebrannt und müde und bestelle auf den heruntergestürzten Espresso gleich noch eine kalte Cola. Sicher ist sicher.

Ein Beamer wirft die Partie Schottland gegen Schweiz an die Wand, Europameisterschaft 2024, zweiter Vorrundenspieltag in der Gruppe A. Wenige Stunden zuvor hatte die deutsche Nationalmannschaft durch Tore von Youngster Jamal Musiala und Kapitän Ilkay Gündoğan fulminant mit 2:0 gegen ihren Angstgegner Ungarn gewonnen. Die Euphorie im Land hatte spätestens da ihren Höhepunkt erreicht.

Zwischen Kappa Makis und bauchigen, mit Rosé gefüllten Gläsern sitzen zwei mir bereits bekannte grauhaarige Männer über fünfzig am Tisch. Marcel Reif und Didi Hamann. Reif gilt als einer der renommiertesten Sportjournalisten des Landes und hatte kurz zuvor, am Tag des Gedenkens an die Opfer des Nationalsozialismus, eine bemerkenswerte Rede im Deutschen Bundestag über seinen jüdischen Vater gehalten, die selbst Außenministerin Annalena Baerbock sichtlich bewegt hatte.

Auch Hamann bewegte die Gemüter, allerdings weniger aus Rührung, sondern vielmehr aus Wut. Primär Angestellte des FC Bayern. Primär Uli Hoeneß. 2005 hatte Hamann mit dem FC Liverpool die Champions League gewonnen. Beim Finale gegen den AC Mailand wurde er bei einem Rückstand von 0:3 zur Halbzeit eingewechselt und konnte maßgeblich dazu beitragen, das Spiel doch noch in ein 3:3 zu drehen. Beim entscheidenden Elfmeterschießen verwandelte er den nicht unbedeutenden ersten Elfmeter für Liverpool.

Reif und Hamann unterhalten sich angeregt und fragen sich, wann der »kleine dicke Xherdan Shaqiri« denn wohl endlich treffen würde. Sie sind sich einig, dass der 1,69 Meter große offensive Mittelfeldspieler mit seinem wuchtigen linken Fuß der Gamechanger für die Schweizer sein könnte.

In der 26. Spielminute trifft er tatsächlich zum 1:1 für die Schweiz. Experten eben.

Nach einer kurzen Begrüßung setze ich mich auf einen der Stühle neben sie. Und dann ist es plötzlich still. Diese Art von Stille, die nicht angenehm beruhigend, sondern unangenehm bedrückend ist. Eine Situation, die ich normalerweise schlecht bis gar nicht aushalten kann und aus überbordender Verzweiflung meist mit unnützem Wissen aus der Ernährungswissenschaft oder unlustigen Anekdoten aus meinem Leben zu überbrücken versuche. Ich hätte ihnen von der Einzigartigkeit der vor uns hübsch drapierten Romanasalatblätter erzählen können. »Wusstet ihr eigentlich, dass in einhundert Gramm Romanasalat gerade mal 16 Kalorien enthalten sind? Außerdem hat der Salat einen hohen Anteil an Kalium, Kalzium, Phosphor und nahezu gar kein Fett. Irre, oder? Und noch krasser: Der Romanasalat besitzt sogar einen unfassbar hohen Gehalt an Vitamin C.« So was halt. Ich habe aber keine Kraft, und ich habe keine Lust, mich anzubiedern. Meine Kraftreserven will ich mir für die gemeinsame Talkshow bei Markus Lanz aufheben, für die wir alle hier sind. Also beobachte ich, ebenfalls schweigend, wie die Nati mit vier Punkten und einem verbleibenden Spiel bereits mit einem Bein ins Achtelfinale einzieht. Hopp Schwiiz!

In mir herrscht dafür ein ohrenbetäubender Lärm. Großbaustelle mit Presslufthammer-Einsatz. Meine Brust verengt sich immer mehr, je länger ich dort neben den beiden sitze. Schweiß läuft unter meinem enganliegenden weißen Feinripp-Tanktop in meine Hose. Ich bestelle mir noch eine Cola, in der Hoffnung, dass die 35 Gramm Zucker meinen schwächelnden Blutkreislauf wieder in Schwung bringen würden. Mein Herz schlägt so schnell, dass ich Schwierigkeiten habe, die Luft von meiner Nase in die Bronchien zu befördern. Ich habe Angst, dass es jemandem auffallen könnte, und gehe auf die Toilette. Nur ein klitzekleines sichtbares Zeichen von Schwäche, und ich würde in der folgenden, einstündigen Diskussionsrunde aufgefressen werden. Wie ein in der Savanne nach Wasser lechzendes Gnu, bei dem die schwindenden Kräfte die hungrigen Löwen anzieht.

Kaltes Wasser und ein paar Augenblicke später bin ich zurück in der seltsam lächerlichen Szenerie. Sie reden kein Wort mit mir und ich kein Wort mit ihnen. Zu meiner Atemlosigkeit gesellt sich Übelkeit. Die nach Meer und Algen riechenden Kappa Maki wenige Zentimeter vor mir sind dabei für meine Gesamtverfassung nicht sonderlich förderlich. Ich habe dieses Gefühl der Enge schon oft in meinem Leben gespürt.

Erst heute weiß ich, dass das eine Panikattacke war. Ich mochte nach außen erwachsen und souverän wirken, in diesen Momenten aber stand ich schutzlos ausgeliefert vor der Haustür wie ein Kind, das keinen Schlüssel dabeihat und darauf wartet, dass jemand zu Hilfe kommt und es reinlässt. Ich weiß nicht genau, wie der Überlebensinstinkt beim Menschen funktioniert, aber ich hatte mal irgendwas über den Stressmetabolismus gelesen. Um auf eine drohende Gefahr reagieren zu können, bereitet sich unser Körper in Stresssituationen binnen Sekundenbruchteilen auf Angriff, Flucht oder Verteidigung vor. Die menschliche Psyche ist ein faszinierendes Gebilde, das in Extremsituationen auf teilweise unerwartete Art und Weise reagiert. Die Lage, in der ich mich in diesem Moment befunden hatte, wirkte anscheinend bedrohlich auf mich, während bei den beiden Männern neben mir weder Schweißperlen noch erhöhter Blutdruck zu erkennen waren. Altersweise Gelassenheit statt infantilem Fluchtinstinkt? So unterschiedlich wir in diesem Moment auch reagierten, ich war der festen Überzeugung, dass wir tief in uns drin alle das gleiche Gefühl verspürten. Diese Konstellation hier? Das passte nicht zusammen. Ich war ein Fremdkörper. Ich reagierte mit Panik, sie mit Rückzug.

Für die eine Stunde später beginnende Sendung war die Besetzung natürlich bewusst so gewählt. Kontraste sind ein Segen für jede Diskussion. Ein kluger Schachzug der Redaktion und mein persönliches Schachmatt.

Adrenalin, Herzschlag und Blutdruck steigen, man schwitzt, und der gesamte Stoffwechsel läuft beschleunigt ab – die Alarmsignale waren alle da. Botenstoffe eines tiefsitzenden Gefühls, das darunterlag. Das Gefühl der Fremdheit, egal wie erfolgreich meine Karriere auch verlaufen würde, es würde mich immer begleiten. Die sich mittlerweile zur Gewissheit verfestigende Vermutung, einfach nicht in diese Welt zu gehören.

In wessen Leben war ich da eigentlich gelandet? Es fühlte sich selten an wie meins. Gefangen in einer Hülle, die nicht mit dem Inhalt zusammenpasst. Eine Barbie in einer Monstertruck-Verpackung. Weil ich eine so große Liebe und Leidenschaft für den Fußball habe, bleibe ich unentdeckt, aber ich weiß eigentlich, dass ich nicht hierhergehöre. Das schlechte Gewissen, das mich immerzu antreibt und meinen Schlaf stört, ist weniger der Ehrgeiz als vielmehr die Angst vor dem Auffliegen.

Nur weil man etwas liebt, heißt es nicht, dass man für diese Sache auch gemacht ist.

Ich fühle mich immerzu gehetzt und verfolgt. Als hätte ich das bisher unauffindbare sechste Fabergé-Ei gestohlen, das die dänische Königsfamilie seit dem 19. Jahrhundert mit allen in ihrer Macht stehenden Mitteln wieder in ihren Besitz bringen möchte. Als würde ich etwas Verbotenes tun und damit davonkommen.

Noch in diese Gedanken versunken und mit der Vorstellung konfrontiert, irgendwann wohl hinter Gittern zu landen, betreten plötzlich vier Männer in schwarzen Anzügen und mit Knopf im Ohr den Raum. Es ist also doch schon jetzt so weit, ich bin aufgeflogen. Die dänische Königsfamilie, sie ist da, um ihr Fabergé-Ei zurückzuholen. Doch statt des Klickens von Handschellen hallt plötzlich ein »Grüß Gott« durch den Raum. Nicht der erboste König Frederik aus Dänemark betritt das Zimmer, sondern der gut gelaunte König aus Bayern. Markus Söder. Ich hätte nicht gedacht, dass die Anwesenheit eines Markus Söder jemals für eine solche Erleichterung bei mir sorgen würde.

Er unterhält sich zwar primär mit sich selbst und lacht über seine eigenen Witze, aber immerhin ist es nicht mehr so unerträglich still. Der einzigartige Zauber des Markus Söder. Er nimmt in diesem Augenblick den gesamten Raum ein, und damit bin ich plötzlich nicht mehr der einzige Fremdkörper zwischen Kappa Makis und Romanasalat-Schiffchen. Mein Puls liegt wieder bei sechzig bis neunzig Schlägen pro Minute, und auch der Sauerstoff findet seinen Weg zurück in meine Blutbahn. Wer hätte gedacht, dass bayerische Ministerpräsidenten mit ihrer Selbstherrlichkeit Panikattacken beenden können?

Wenn man mit nicht einmal dreißig Jahren gemeinsam mit einem Champions-League-Sieger, einem Grimme-Preisträger und dem Ministerpräsidenten von Bayern in einer

Markus-Lanz-Sendung sitzt, die den Deutschen Fernsehpreis in der Kategorie »Beste Information« gewonnen hat, dann sollte sich doch eigentlich ein Erfolgsgefühl einstellen, oder?

Diese warme, wohlige, nach Bier und Belohnung schmachtende Sehnsucht, sich nach getaner Arbeit oder einem großen Erfolg endlich etwas zu gönnen. Zurücklehnen und genießen. Druckabfall. Der Körper wie ein in sich zusammenfallender Ballon, dem das Helium ausgegangen war.

Genauso lag ich in der darauffolgenden Nacht auch im Hotelbett. Nur leider ohne das wohlige Gefühl im Bauch, sondern mit zwei Wörtern im Kopf, die mich die gesamte Nacht kosteten: Und jetzt?

Statt Befriedigung überkam mich in den Wochen danach ein tiefes Gefühl der Lustlosigkeit, weil die letzten Monate und Jahre wie ein Rausch gewesen waren. Ein übersteigerter ekstatischer Zustand, ein Glücksgefühl, das einen über seine normale Gefühlslage hinaushebt. Rausch. Ein Zustand, in dem eine mehr oder weniger starke Verwirrung der Gedanken und Gefühle eintritt. Rausch. Ein vorübergehender Zustand, der durch eine besonders reizvolle Umgebung oder andere extreme Aktivitäten erzeugt werden kann.

Wenn man mich fragt, wie ich meine letzten Jahre beschreiben würde, dann so. Rausch. Überstimuliert, überstrapaziert, reizüberflutet. Wenn man so aufgewachsen ist wie ich, dann lernt man früh, dass man nicht einfach nur sein darf, weil es damals keinen Raum dafür gab. Stattdessen ist man ständig damit beschäftigt, sich Sorgen darüber zu machen, ob man etwas nicht verdient oder ob man sich und sein Umfeld irgendwie enttäuschen könnte. Um mich davor zu schützen, blieb ich monatelang in diesem Rauschzustand.

Aber irgendwann spürte ich vor lauter Stimulation dann

überhaupt nichts mehr. Gefühllosigkeit. Die Überforderung mit der Verantwortung, die Furcht vor dem eigenen Scheitern, die Tatsache, dass mir ständig und überall alles zu nahe ging, die Bestätigung von außen, von der ich immer mehr wollte, weil sie sich so gut anfühlt, aber durch die auch der Erwartungsdruck steigt, überall und ständig Reize, der Drang nach dem nächsten krassen Ding. Alles wollen, alles machen, alles haben – nur um sich dann irgendwann zu fragen: Was soll denn jetzt eigentlich noch kommen, das sich noch geiler anfühlt?

Wo auch immer dieses Gefühl der Begeisterung mal herkam, musste es noch mehr davon geben. Ich fand nur den Weg dorthin nicht mehr. Egal mit welchen Erfolgen und Euphorien ich mich in dieser Zeit wieder zu erregen versuchte, kein Rausch konnte mir das geben, was verloren gegangen war: meine Begeisterung.

Von einem auf den anderen Tag verzichtete ich plötzlich konsequent auf Gluten, trank jeden Morgen einen 1,5-Liter-Proteinshake und fand mich täglich schwitzend auf dem Stairmaster im Fitnessstudio wieder. Dabei hasste ich Fitnessstudios. Ich stemmte Gewichte, die viel zu schwer für mich waren, und gab mir das ehrgeizige und völlig unrealistische Ziel, bald mehr als einen Klimmzug zu schaffen. Gemessen an meinem Armumfang, der einer dünnen Stange Wochenmarktlauch glich, war das mit Abstand das lächerlichste Vorhaben in dieser Zeit.

All das nahm ich aus der naiven Hoffnung auf mich, dass eine Transformation des Körpers auch zu einer Transformation der Gefühle führen würde. Sportlicher Exzess als erforderliche Injektion gegen die Taubheit. Ziel der Behandlung? Hoffentlich wieder was spüren.

Ich trank bei Abenden mit Freunden nicht mehr nur ein

Glas, sondern vier Gläser Wein. Der Alkohol, vielleicht war er ja ein Wegweiser zu dieser nicht mehr auffindbaren Stelle, an der sich mein Enthusiasmus versteckte. Außer menschlich unwürdigen Katererscheinungen am nächsten Tag bekam ich allerdings nichts. Kein Gefühl, keine Erlösung.

Die Suche nach der Endorphinausschüttung war wie das Häuten einer Zwiebel. Schicht für Schicht entblätterte ich mich, um endlich meine Freude irgendwo in mir drin wiederzufinden. Außer Leere gab es aber nichts. Kein Gefühl, keine Erlösung.

Während alle um mich herum dachten, ich hätte die beste Zeit meines Lebens, begriff ich in jenem Sommer 2024, wie leer ich mich eigentlich fühlte. Ich bin nicht glücklich, bloß weil ich vor der Kamera lächle. Wir tragen Masken mit einem breiten Grinsen, damit sie uns vor unserer eigenen Verwundbarkeit schützen. Damit keiner fragt und man keine Antwort geben muss, auf Fragen, auf die man keine Antwort hat.

Wer war ich eigentlich abseits meiner Arbeit? Sie war schleichend zu dem präsentesten Strang meiner Identität geworden. Bevor man mich fragte, wie es mir geht, fragte man mich nach dem nächsten Projekt. Meine Arbeit. Sie war das Kontrastmittel geworden, was mich sichtbar machte. Sie half gegen das Gefühl der Leere. Sie war aber auch zu dieser einen Droge geworden, von der ich mittlerweile die Höchstdosis brauchte, um den Rausch zu spüren, und von der ich nicht mehr loskam.

Aufstieg, das heißt auch, lernen zu müssen, wie man sich oben verhält. Wer hätte es mir aber beibringen sollen? Die Mittel, die dich nach oben bringen, sind nicht zwangsläufig die Mittel, die dich auch oben halten. Meine Leidensfähigkeit, mein Mut, mein Aus- und Durchhalten, all das hat mich nach oben befördert. Ein unscheinbares Mädchen vom Dorf mit einem schlechten Abitur, das plötzlich ein Leben lebt, für das es eigentlich nicht vorgesehen war. Ich saß ohne Führerschein in dem 700 PS starken Porsche Panamera.

Talent, Glück, Timing, all das können wir nicht beeinflussen. Das Einzige, was wir selbst in der Hand haben, ist das Aus- und Durchhalten.. Wer oben angekommen ist, der hatte vielleicht nicht das größte Talent, aber den längsten Atem.

Oben angekommen, musst du dir neue Methoden überlegen, um auch oben zu bleiben. Ich muss endlich diesen Führerschein machen. Es ist leichter, etwas nicht zu kennen und nicht zu haben, als plötzlich etwas kennengelernt zu haben und es wieder zu verlieren.

Meine anfänglichen Selbstzweifel hatten sich im Laufe der Jahre in Angst umgewandelt. Angst davor, dass der Erfolgt nicht bleibt. Angst davor, wie »Ice Ice Baby« von Vanilla Ice zu einem One-Hit-Wonder zu verkommen und in Vergessenheit zu geraten. Vanilla Ice nennt sich mittlerweile V-Ice, ist seit 2010 so was wie die amerikanische Tine Wittler und gibt in seiner TV-Show *The Vanille Ice Project* Renovierungsanleitungen und Deko-Tipps für zu Hause. Die Vorstellung, in einer bunt bedruckten Tunika über die Wandfarbe oder das passende Sideboard in einer Zweizimmerwohnung in Castrop-Rauxel entscheiden zu müssen, schnürt mir die Kehle zu.

Ich sehe mich oft durch die Augen anderer und will darin etwas Besonderes, Einzigartiges sehen, damit ich in der Masse nicht untergehe und wieder so etwas wie Bedeutung spüre. Wenn ich heute auf Entscheidungen und Handlungen von mir zurückblicke, dann entpuppen sie sich oftmals als Gegenbewegung zu etwas.

Ich musste auffallen, um gesehen zu werden, dafür musste ich lauter, bunter, angstfreier, direkter, spontaner sein, als ich eigentlich bin. Um gesehen zu werden, reichte es nicht, ich selbst zu sein. Eine Erfahrung, die auf Dauer zu einem geringen Selbstwertgefühl führt, der typischen Krankheit von Aufsteigerkindern.

Mein privates Ich von meinem beruflichen Ich zu trennen, gelingt mir so gut wie nie. Das eine bedingt das andere. Alles, was ich jetzt bin, habe ich durch meine Arbeit erreicht. Das denke ich oft. Ich erwarte Liebe, weil ich Liebe gebe. Eine toxische Transaktion, die ausschließlich unter der Bedingung funktioniert, dass ich nur dann etwas bekomme, wenn ich auch etwas gebe.

Das von Lethargie und Traumlosigkeit umgebene Hamsterrad aus dem Frühjahr 2013 habe ich zwar verlassen, geblieben ist das fehlende Zutrauen in die Zukunft. »I would like to thank my terrible childhood«, sagte Robert Downey Jr. bei der Oscarverleihung im Jahr 2024. Er hatte mit 58 Jahren und nach beinahe hundert Filmen seinen allerersten Oscar gewonnen.

Ich habe zwar keinen Oscar gewonnen, aber ich weiß, dass ich ohne meine Vergangenheit nicht dieses Leben leben würde. Die Angst vor dem Auffliegen, das Gefühl der Hochstapelei, die Furcht vor der Stille, der Zwang, immer mehr machen zu müssen, die Panik vor der eigenen Bedeutungslosigkeit. Das alles ist der Motor, der mich am Laufen hält. Der Antrieb zum Aufstieg.

Ich glaube nicht an ein Für-etwas-geboren-Sein und auch nicht an eine in die Wiege gelegte Berufung, aber ich glaube an die Impulsgebung und Inspiration durch das Umfeld, in dem wir aufwachsen. Eine emotionale Bindung können wir nicht nur zu anderen Menschen aufbauen, sondern auch zu

Orten. Mein Ausgangspunkt war nie allein meine Familie, sondern immer auch der Fußballplatz. Dort fing ich an zu träumen, erst dort gab es etwas für mich zu verlieren, weil erst dort mir etwas wirklich wichtig war. Mit dem Fußball habe ich meine wahre Familie gefunden. Ein Fundament gebaut, wo vorher keines war.

Wo gehöre ich dazu? Eine Antwort auf diese Frage zu finden, ist ein tief verwurzeltes Grundbedürfnis. Das »Dazugehören« ist ein stark identitätsstiftendes Element. Wir alle sehnen uns nach Gesellschaft, Kontakt, Anerkennung und der Gewissheit, irgendwo gut aufgehoben zu sein. Es ist uns wichtig, eine Gruppe oder einen Ort zu finden, an dem man sich aufgehoben und wohl fühlt, ohne große Anpassungsleistungen vornehmen zu müssen.

In einer Welt, in der wir immer weniger miteinander reden und uns immer weniger verstehen, ist der Fußballverein ein Ort, an dem alle die gleiche Sprache sprechen. Da geht man hin, wenn es mal schwer ist, und da geht man hin, wenn es leicht ist. Man geht hin, weil man sich verstanden fühlt, weil da die gemeinsame Leidenschaft für den Verein ist. Man muss nicht alle Facetten voneinander verstehen, um sich verbunden zu fühlen. Der Verein ist das Sprachrohr, durch das man sich versteht. Fußballvereine sind Orte, an denen sich Rituale wiederholen, an denen wir unsere Identität festigen. Zwischen Milliardengeschäft und Diskussionen über die Super League ist es das, was wir nie vergessen sollten. So fing alles an. Der Fußball ist so groß geworden, weil er für viele Menschen genau das ist: ein Ort, an dem man dazugehört, egal wer man ist.

Ich werde immer häufiger als die Stimme einer neuen Generation wahrgenommen. Vielleicht sogar als eine Stimme der Andersartigen. Kein Establishment, sondern Gummiplatz. Ein helles oder dunkles Kaninchen, das durch das Ausbilden neuer Merkmale die Population verändert. Die erhöhte Variabilität sorgt dafür, dass diese neuen Merkmale in den folgenden Generationen hoffentlich überproportional häufig vorkommen und der Fußball wirklich für alle zu einem Ort wird, an dem man dazugehört, egal wer man ist. Im ganzen Trubel der letzten Jahre habe ich manchmal vergessen, wie dankbar ich eigentlich für diese Chance der öffentlichen Bühne bin. Ich mag meine Rolle als Kaninchen. Hannah Arendt sagte mal: »Ich habe einfach gemacht, was ich gerne machen wollte, und ich habe mir nie überlegt, ob eine Frau das nun machen kann oder nicht.« Genau so lebe ich auch, aber weil ich mittlerweile in der Lage dazu bin.

Ich habe mein Frausein zum Glück schon früh nicht mehr als störend oder belastend empfunden. Das ging aber nur, weil auf zwei negative Erlebnisse immer mindestens vier positive folgten. Ihr erinnert euch? Der Fußball als mein Schutzschild. Es gab ein positives Ungleichgewicht. War die Population in den letzten Jahrhunderten immerzu von männlichen Kaninchen dominiert, kommen langsam auch ein paar weibliche dazu.

Es ist wichtig, dass Frauen endlich ihre Geschichten erzählen können. Dass die zahlreichen unterschiedlichen Lebensrealitäten von Frauen Platz bekommen, nicht nur im Fußball, sondern in der ganzen Gesellschaft. In Talkshows sollte nicht länger nur eine Frau eingeladen werden, damit man in der Runde eben den Frauenplatz besetzt hat und sich nichts vorwerfen lassen muss. Als wären mit einer Frau alle Frauen abgedeckt, dabei muss es auch für Frauen Raum für Individualität geben. Wir müssen der Vielfalt, der Verschiedenartigkeit von Frauen Platz schaffen, um Repräsentation in allen Bereichen unserer Gesellschaft zu ermöglichen.

Wir brauchen Diversität, um einen nachhaltigen Wandel zu vollziehen. Wenn wir auf eine größere Bandbreite von Geschichten zugreifen können, dann fühlen sich auch mehr Frauen angesprochen. Wenn sich mehr Frauen angesprochen fühlen, dann fühlen sich vielleicht auch mehr Frauen ermutigt, inspiriert und animiert, ihren Platz in dieser Gesellschaft einzufordern. Damit wir bald nicht mehr nur eine, sondern viele sind.

Und bis dahin werde ich mich auch weiterhin als einzige Frau in eine TV-Talkrunde voller Männer setzen, damit beim nächsten Mal vielleicht nicht nur ich als Abgesandte *der Frauen* dort sitze, sondern noch eine zweite oder dritte Frau ihre Meinung sagt.

Ich werde eingeladen, damit ich für *die Frauen* spreche. Ich werde aber auch eingeladen, weil ich ein *Fußballfan* bin. Das steht über allem, denn das ist das, was ganz am Anfang meines Weges stand: die Liebe für den Fußball, die ich mit so vielen unterschiedlichen Menschen teile.

»Erfahrungen vererben sich nicht, jeder muss sie allein machen«, sagte der deutsche Schriftsteller Kurt Tucholsky. Und das hier waren meine Erfahrungen. Natürlich kann ich sie nicht verallgemeinern, aber ich möchte sie teilen. Vielleicht können sogar ein paar davon das Gefühl vermitteln, dass man mit seiner Wahrnehmung und bestimmten Problemen nicht allein ist.

Es ist aufregend, in einem Bereich zu arbeiten, der sich genauso im Wachsen und Gedeihen befindet wie man selbst. Der sich langsam verändert und weiterentwickelt. Die Aussicht auf eine andere Normalität ist ein Lichtblick, den ich selbst in dunklen Phasen immer erkennen kann. Und da lohnt es sich auch, ab und zu einen Blick auf die Strecke zu werfen, die man schon zurückgelegt hat. Vom Seitenrand in die Primetime ist es kein geradliniger, aber ein lehrreicher Weg gewesen. Die Geschichte meines Aufstiegs erzählt auch viel über die Wandlung eines Landes und seines liebsten Sports: von der Männerdomäne zu einem Sport für alle.